오늘도
불편한 사람과
일해야 하는
당신을 위한 책

심리적
장벽을 넘어서는
최적의 대화법

오늘도
불편한 사람과
일해야 하는
당신을 위한 책

야마사키 히로미 지음

이정환 옮김

🌱 나무생각

불편한 인간관계에서
탈출하는 최적의 방법

서점에 놓여 있는 수많은 책들 중에서 이 책을 선택한 것에 대해 먼저 감사를 드린다. 아마도 나의 예상이 맞다면 당신은 현재 함께 일하는 회사의 동료, 요청사항을 조목조목 늘어놓는 고객, 조별 과제를 함께 해야 하는 친구와 같은 주변 사람들에게 불편함을 느끼거나, 하고 싶은 말을 하지 못해 답답한 상태일 것이다.

왜 나의 상사는 늘 나의 의견을 무시하는지, 왜 거래처의 담당자는 우리의 의견을 무시하는 듯한 태도로 일관하는지, 왜 나의 동료는 똑같은 실수를 반복하는지, 내 맘대로 되는 것은 하나도 없고, 함께하는 동료나 상사들은 내 말을 전혀 이해하는 것 같지 않고, 늘 울려대는 전화에서는 하나같이 불만 가득한 고객들의 목소리만 들려온다고 느낄 것이다. 함께 일하는 사람들이 늘 이해할 수 없는 말과 행동만 한다고 생각하는 당신을 위해 지금부터 불편한 사람들과 함께 일하는 법을 찾아볼 것이다.

학창 시절에는 친구를 선택할 수 있었지만 사회생활을 하면 그마저도 쉽지 않다. 직장에는 나이, 성, 출신 환경이 전혀 다른 사람들뿐이다. 그들과 매일 부딪히다 보면 인간관계 때문에 스트레스를 받는 날이 계속된다. 혹시라도 상대방이 마음에 들지 않는다는 이유로 말다툼을 하거나 이직을 하려고 마음을 먹어본 적이 있지 않은가? 그런 분들에게 조금이라도 도움이 되고자 이 책을 쓰게 되었다.

나는 13년 전, 워킹맘들을 대상으로 커뮤니케이션 코치라는 일을 시작했다. 워킹맘들에게 커뮤니케이션을 가르치던 코치가 왜 이런 비즈니스 서적을 쓰게 되었는지 의아할 것이다. 대답은 간단하다. 모든 커뮤니케이션의 본질은 같기 때문이다. 그리고 회사를 비롯한 대부분의 조직들이 팀 단위로 움직이기 때문에 사람과 사람 사이의 문제는 늘 우리 곁을 따라다닌다.

기업에서 필요한 커뮤니케이션의 기술은 워킹맘들을 대상으로 하는 강의 내용과 크게 다르지 않다. 먼저 커뮤니케이션에는 두 종류가 있다. 기본적으로는 '사람을 대하는' 커뮤니케이션이고, 또 하나, 내가 가장 강조하는 것은 '자신을 대하는' 커뮤니케이션이다. 사람들과 원만한 관계를 유지하려면 우선 자신을 이해하고 자신의 감정과 적절하게 동조할 수 있어야 한다. 그렇게 하면 주변 사람들과의 커뮤니케이션도 저절로 원활해진다.

단, 여러분에게 부탁하고 싶은 점이 있다. '알고 있다'와 '할 수 있다'는 다르다는 사실을 이해해야 한다. 이 책을 읽고 난 뒤에 '알고 있다'고 끝내지 말고 일상생활에서 '할 수 있을' 때까지 실천해주기를 바란다. 하지만 걱정하지 말 것. 이 책에서 전하고 있는 이론을 모두 실천해야 할 필요는 없다. 한두 가지도 괜찮으니 "이건 오늘부터 당장 실천하자!"는 느낌이 드는 것부터 실천해보자. 그리고 반드시 지속하자.

꾸준함을 이기는 것은 없다. 이것은 13년 동안 코치로 활동해온 내가 증명할 수 있다. 단 한 가지라도 지속적으로 실천할 수 있다면 그것은 자신감과 연결된다. 그리고 당신의 마음속에서 단단해진 인간관계의 기술은 틀림없이 당신의 무기가 될 것이다.

여러분의 인생이 보다 행복해질 수 있기를 응원한다!

야마사키 히로미

1장

나만 멀쩡한 것 같은 세상에서
살아남는 법

누구나 사람을 만날 때 약간의 두려움을 느낀다. 특히 거래처에 가면 불편함을 느끼는 사람이 한두 명은 있기 마련이다. 그렇게 상대방에게 거북한 느낌이 들수록 그 사람의 언행에 신경이 더 쓰이곤 한다. 우리 뇌는 의식한 정보를 받아들여 반응한다. 그렇다, 상대가 '불편하다'고 의식되는 순간, 우리는 그 사람의 언행에 대해 알게 모르게 반응하기 시작한다.

열 명으로 이루어진 팀이 있다고 할 경우, 모든 구성원의 마음이 맞을 수는 없다. 일반적으로, 자신과 마음이 맞는 사람이 20퍼센트, 그저 그런 사람이 60퍼센트, 마음이 맞지 않는 사람이 20퍼센트 정도다. 어디에나 불편한 사람, 마음이 맞지 않는 사람은 존재한다. 이것을 나는 우주의 법칙이라고 부른다. 그리고 이것은 전 세계, 심지어 우주를 통틀어 매우 보편적인 비율이다.

불편한 사람 때문에 회사를 그만두었다고 생각해보자. 새롭게 이직한 직장에는 불편한 사람이 없을까? 안타깝게도 그렇지 않다. 새로운 직장에도 불편한 사람은 반드시 존재한다. 학창 시절에는 마음이 맞는 친구들끼리 어울릴 수 있었지만 직장에서는 상사, 동료, 부하 직원을 선택할 수 없다.

지금부터 사람들과 다투거나 싸우는 데 쓸데없이 에너지를 낭비하지 않고 편안한 마음으로 인간관계를 원만하게 유지하는 비결을 알아보도록 한다.

나와 너를 나누는
가장 간단한 차이

여러분도 양손을 맞대고 깍지를 끼어보라. 오른쪽 엄지손가락이 위로 올라가는 사람도 있고, 왼쪽 엄지손가락이 위로 올라가는 사람도 있을 것이다. 그러다 반대로 깍지를 끼어보면 약간 불편하거나 이상한 기분을 느낄지 모른다. 그것이 당신의 방식이 아니기 때문이다.

　우리는 모두 자신만의 방식을 가지고 있으며, 그 방식에 따라 살아가고 있다. 신발을 신을 때 오른발부터 신는지 왼발부터 신는지, 목욕을 할 때 몸의 어느 부분부터 씻는지 등처럼 각자가 익숙한 방식으로 매번 똑같이 반복하는 행동들이 있다. 평소에는 무의식 중에 행동하고 있기 때문에 미리 신경을 써서 결정하진 않는다. 이러한 방식은 사람에 따라 각각 다르다. 어떤 것들은 자신에게는 당연하지만 다른 사람이 보면 이상하게 보일 수도 있다.

나는 강의를 시작할 때 수강생들에게 한 가지 실험을 하는 경우가 있다.

"지금부터 팀의 구성원들끼리 자기소개를 할 거예요. 가위바위보를 하지 말고 순서를 정해보세요."

이렇게 말하면 수강생들은 크게 세 가지 유형으로 나뉜다. 우선, "그럼 나부터 할게요." 하고 첫 번째 주자를 자청하는 유형. 그리고 "가나다순으로 정해요!", "가장 멀리서 온 사람부터 시작하기로 해요."라는 식으로 제안을 하며 적절하게 지휘하는 유형. 마지막으로 아무 말도 하지 않고 누군가가 정해주기를 기다리는 수동적인 유형이다.

당신은 어떤 방식에 해당하는가. 의식적으로 바꾸지 않는 한 어떤 상황, 어떤 그룹에 들어가더라도 틀림없이 똑같은 행동을 할 것이다. 평소에 소극적인 사람이 회의를 할 때 갑자기 앞장서는 쪽으로 돌아서는 경우는 거의 없다. 이렇게 사람들은 모두 고유한 행동 방식을 가지고 살아간다. 이러한 행동 방식 외에도 사고방식과 감정 방식들이 한 사람의 성격을 설명해준다.

미래형 사고와
현재형 사고

지금은 중학교에 다니고 있는 내 아들이 초등학생이던 시절, 함께 보고 있던 만화영화의 주인공이 이런 말을 했다.

"인생은 단 한 번뿐! 앞뒤를 가리지 말고 하고 싶은 일을 해야 돼!"

나는 꽤 멋진 말이라고 생각했지만, 옆에 있던 아들은 이렇게 중얼거렸다.

"엄마, 이 사람 이상해. 앞뒤 가리지 않고 행동하면 주변 사람들에게 피해를 주는 거 아냐?"

나는 아들의 말에 깜짝 놀라고 말았다. 나로서는 전혀 그런 생각을 해보지 않았기 때문이다. 아들은 행동하기 전에 우

'미래형 사고'와 '현재형 사고'

선 주변 사람들을 생각하는 유형인 것이다. 반대로 나는 내가 하고 싶은 것부터 생각한다. 10년 이상 함께 생활한 모자 지간에도 이렇게 사고방식이 다른데 서로 다른 환경에서 살아온 사람들이 모인 직장은 어떻겠는가. 당연히 직장에서도 사람마다 사고방식이 다르다.

일에 대해 사람들이 생각하는 방식은 두 가지로 나뉜다. 먼저 3년 후, 5년 후, 10년 후에는 이런 사람이 되고 싶다면서 항상 자신의 미래를 내다보며 목표를 향하여 매진하는 미래형 사고의 유형이 있다. 그런가 하면, 함께 일할 때 가슴이 설레고, 맡은 일을 반드시 성공시키려 하며, 항상 좋은 상태에서 일하는 것을 이상적으로 생각하는 현재형 사고의 유형도 있다.

나는 현재형 사고를 하는 사람이다. 코칭을 시작하면서 10년 뒤에는 텔레비전에 출연하고 책도 출간하고 싶다는 생각을 하지는 않았다. 다만, 직장생활을 하면서 대화법이나 코칭에 흥미를 느끼게 되었고, 누군가에게 도움을 주고 상대방이 힘을 얻거나 행복해지는 모습을 보는 것이 즐거워서 이 일을 계속한 결과, 13년째를 맞이하게 되었을 뿐이다.

미래형 사고이건 현재형 사고이건 어느 쪽이 옳다고는 말할 수 없다. 그것은 그 사람 고유의 사고방식일 뿐이다.

나의 슬픔이
너의 슬픔과
같지 않다

감정을 느끼는 방식에도 각자의 방식이 있다. 똑같은 실패를 했을 때에도 "이제 틀렸어⋯." 하고 낙담한 채 자신을 원망하는 사람이 있고 "이미 지난 일은 후회해도 소용없어. 자, 다시 분발해보자!" 하고 비교적 빨리 재기하는 사람도 있다.

또 사소한 문제로 화부터 내는 사람과 "뭐, 그럴 수도 있지." 하고 쉽게 넘어가는 사람도 있다. 어떤 사람에게는 즐거운 일이 다른 사람에게는 그다지 즐겁지 않은 경우도 있다. 사물에 대해 희로애락을 느끼는 감정도 사람마다 다르고 느끼는 강도 역시 사람마다 다르다. 우열을 가릴 수 없는 사람들 각자의 방식이 있는 것이다.

나는
나의 방식을
알고 있을까

사람마다 행동, 사고, 감정에 있어서 각자 다른 방식을 가지고 살아간다는 사실을 기억하기 바란다. 사람들은 각자 자신의 방식은 당연한 것이라고 생각하지만 다른 사람의 방식은 자신의 세계에는 없는 감각이기 때문에 그 사람의 행동을 이해하지 못하는 경우가 많다. 그래서 상대방에게 자신의 방식을 강요하거나 다투거나 싸우거나 하는 것이다. 이러한 것들을 가르치는 커뮤니케이션 코칭의 기본적인 사고방식은 이렇게 정의할 수 있다.

"타인의 과거를 바꿀 수는 없다. 자신이 바꿀 수 있는 것은 바로 자신과 미래뿐이다."

따라서 사람들과 싸우지 않는 대화를 위한 첫 걸음은 상대방을 바꾸는 것이 아니라 우선 자신을 이해하는 것에서부터 시작해야 한다.

한편, "나의 방식은 이미 잘 알고 있다."라고 생각할지 모르지만 사실 대부분의 사람들은 자신에 대해서 잘 모르고 있다. 자신의 입장에서 볼 때, 자신의 언행은 너무나 당연한 것이라고 생각하기 때문이다. 그렇다면 자신 있는 일은 무엇이고 자신 없는 일은 무엇일까. 무엇을 기쁘게 느끼고 무엇을 고통스럽게 느끼고 있을까. 이 부분들을 함께 확인해보자.

자신의 방식을 이해하기 시작하면 상대방의 방식도 쉽게 읽을 수 있다. 자기 자신을 발견하고 이해하는 방식을 통해 다른 사람의 방식을 이해할 수 있기 때문이다. 그렇게 하면 상대방과 자신의 차이를 냉정하게 이해할 수 있고 인간관계에서의 고민을 훨씬 줄일 수 있다.

자신을 이해함으로써 얻을 수 있는 장점은 한 가지가 더 있다. 자신의 평소 방식을 이해하면 상황이 달라졌을 때 다른 방식을 선택할 수 있다.

손깍지를 끼는 방법을 다시 예로 들어보자. 늘 오른손 엄지손가락을 위로 올리는 자신의 방식을 깨닫지 못하면 평생 그 방법밖에 모르지만, 자신이 오른손 엄지손가락을 위로 올

려 깍지를 낀다는 사실을 이해하게 되면 다른 방식도 선택할
수 있다. 이러한 방식들을 하나하나 확장시키면 인간관계의
폭을 넓히는 기회로도 만들 수 있다.

1— 사람에게는 모두 각자의 방식이 있다.
2— 사람마다 가진 방식의 우열을 가리는 것보다 각자가
가진 방식의 차이를 이해하는 것이 중요하다.
3— 자신의 방식을 이해하면 다른 방식도 선택할 수 있다.

자신과 주변 사람들의 방식을 이해하자

		행동 방식
주제	>	**처음 만나는 사람들 앞에서 자기소개를 할 때**
방식의 예	>	**앞장서는 유형** "저부터 하겠습니다!" 하고 손을 든다. **제안하는 유형** "가나다 순으로 하는 것이 어떻겠습니까?" 하고 제안한다. **수동적인 유형** 주변을 둘러보고 누군가 순서를 정해주기를 기다린다.

▼

자신	>	유형
상사	>	유형
동료	>	유형
가족, 친구	>	유형

자신의 행동, 사고, 감정의 방식에 관해 생각해보고 어떤 방식인지 적어보자. 당신 주변에 있는 사람에게도 물어보자. 그들은 각각 어떤 방식을 가지고 있을까?

사고방식	감정 방식
일에 관한 사고방식	**평소 어떤 감정이 강하게 드러나는가**

미래형 사고
3년 후, 5년 후, 10년 후에는 이런 사람이 되고 싶다고 항상 자신의 미래에 관한 비전을 설정하고 목표를 향해 매진하고 싶다.

현재형 사고
이 사람과 함께 일을 하는 것이 설렌다. 주어진 일을 즐기면서 성공하고 싶다. 항상 기분 좋은 상태에서 일을 하고 싶다.

희·로·애·락

▼   ▼

사고 ....

사고 ....

사고 ....

사고 ....

자신과 주변 사람들의 방식을 의식한다면 싸우지 않는 대화를 생활화할 수 있다.

기억할 것!

2장

그는 왜 쓸데없는 일에
목숨을 걸까?

누구나 일상생활에서 상대방의 언행에 대해 서로 반응하면서 살고 있다. 자기 멋대로 '좋다', '나쁘다', '옳다', '그르다'는 판단을 내리고 상대방에게 자신의 주장을 강요하다가 싸움을 일으키기도 한다. 하지만 사람은 안도감을 중시한다. 만약 상대방을 부정하는 말이나 공격적인 말을 계속 전하면 상대방의 언행을 바꾸기 어렵다. 대신 안도감을 느끼는 말을 계속 전하면 힘든 상황에 놓여 있어도 노력하는 모습을 기대할 수 있고, 힘을 내어 맞서거나 주변 사람을 이해하는 모습도 기대할 수 있다. 즉, 사람의 마음을 움직이려면 안도감을 느끼게 해야 한다.

그럼 어떻게 하면 상대방에게 안도감을 줄 수 있을까. 먼저 상대방을 인정해야 한다. 누군가를 인정하기 위해서는 상대방을 주의 깊게 바라보고 마음속으로 받아들여야 한다. 자신과 다른 상대방을 마음속으로 인정하는 것이다. 상대방의 좋고 나쁨을 판정하는 것이 아니라 상대방을 있는 그대로 받아들이는 연습이 필요하다.

인정에
목마른
사람들

누구나 자신의 존재를 인정받길 바라는 욕구가 있다. '인정 피라미드'라고 불리는 삼각형의 그림을 보면 인정 욕구의 단계를 쉽게 이해할 수 있다. 가장 기본적인 욕구인 '존재(Be-ing)'에 대한 인정, 다음으로 '행동(Doing)'에 대한 인정, 가장 마지막 단계인 '자원/소유물, 학력, 재능 등(Having)'에 대한 인정의 순서로 욕구를 채워가게 된다.

가장 기본적이고 중요한 욕구는 자신의 존재를 확인하고 인정받는 것이다. 누군가 자신을 눈여겨보고 있다고 느끼면 자신에 대한 만족감이 생기고 모든 일에 대해 적극적인 성향을 띠게 된다. 직장에서도 마찬가지다. 하지만 현실에서는 이

부분을 놓치는 경우가 많다.

　그보다는 삼각형의 제일 위에 있는 부분, 즉 사람들 사이의 우열을 가리기 쉬운 부분에 눈길이 머무르기 쉽다. 특히 회사나 조직에서는 항상 결과를 내야 하기 때문에 숫자나 결과만으로 사람들을 평가하는 경우가 많다. 이럴 경우에 '상대방의 존재를 인식하고 흥미를 가지는 것'은 말처럼 쉽지 않다. 하지만 상대방의 존재를 눈여겨보고 인정하는 것이야말로 인간관계에서 매우 중요하다.

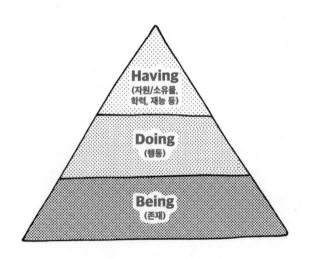

가벼운
인사가 바꾼
인간관계

한 회사에 파견 사원의 적응도가 높은 부서와 상대적으로 적
응도가 낮은 부서가 있었다. 두 부서의 차이를 알아본 결과,
아주 사소한 부분에서 차이를 발견할 수 있었다. 파견 사원
의 적응도가 높은 부서에서는 첫 출근하는 날에 부장이 반드
시 파견 사원에게 말을 건넨다고 한다.

"오늘부터 출근하시는 ○○ 씨이지요? 잘 부탁드립니다."

누구나 처음 직장에 출근하면 긴장하기 마련이다. 이때
부서를 책임지고 있는 부장이 말을 건네주면 한결 마음이
편해질 것이다. 책임자가 자신을 신경 써주고 있다는 생각
과 파견을 간 부서에서 자신을 반갑게 맞아준다는 생각이 들

기 때문이다.

반면, 모든 직원들이 일사분란하게 일만 하고 컴퓨터만 바라보고 있는 사무실에 처음 출근했다면 외로운 느낌이 들 뿐만 아니라, 회사를 제대로 다니면서 일을 해나갈 수 있을지에 대한 불안감이 커질 것이다.

물론 말을 건넨다는 행위 하나 때문에 파견 사원의 적응도가 바뀌는 것은 아니다. 인사는 하나의 작은 행동에 지나지 않는다. 그보다는 부장이라는 사람이 인간관계에 관한 올바른 생각과 배려하는 마음을 갖추고 있었을 것이다. 더불어 처음 만났을 때의 인사뿐 아니라 상대하는 사람들에게 항상 안도감을 주는 대화법을 유지하고 있었을 것이다.

자신이 먼저 '인사를 한다', '상대방의 이름을 부른다'는 식의 단순한 행동이라도 상관없다. 상대방이 안도감을 느낄 수 있다는 사실이 중요하다.

가장
인간적인
대화법

커뮤니케이션 코치로 활동하기 전에 나는 전국 규모의 영어 회화 학원에서 관리자로 일하고 있었다. 각 지점의 관리자들은 학생들의 입학 수속, 강의 관리, 강사 관리와 같은 운영 전반을 담당하면서 한 지점에서 연간 단위로 부임하는 일도 있고, 단기간으로 파견되어 근무하는 경우도 있다. 당시에 나는 전국의 지점을 돌아다니면서 전국 상위 수준의 영업 실적을 올리기도 했다.

내가 최고의 실적을 올릴 수 있었던 이유를 떠올려보았지만, 당시 의식적으로 특별한 말과 행동을 해야겠다는 생각을 하지는 않았다. 하지만 지금은 그 이유를 알 수 있다. 직원들이나 학생들의 존재를 인정하는 대화 방식을 사용하고 있었던 것이다.

우선, 새로운 지점에 부임하면 나는 모든 선생님들과 진지하게 이야기를 나누었다. 학생들의 수강 유지율처럼 숫자와 관련된 질문을 하는 것이 아니라 주로 "왜 영어회화 선생님이 되셨나요?", "학생들을 가르치면 어떤 점이 즐거운가요?"와 같은 질문들을 던졌다. 바로 그렇게 상대방에게 '흥미를 가지는' 것이다. 물론, 회사의 이익을 위해서 영업 실적을 올려야 한다. 하지만 "실적이 나쁜데 어떻게 생각하세요?"라는 질문을 던지면 상대방의 의욕을 떨어뜨릴 뿐이다.

바쁠수록 돌아가야 한다는 사고방식이 필요하다. 회사를 다니는 사람 중에 실적을 올려야 한다는 사실을 모르는 사람이 있겠는가. 처음에는 회사의 구성원들과 신뢰를 쌓는 데에 최선을 다해야 한다. 그러다 보니 "히로미 선생님만큼 실적에 관해서 이야기하지 않는 관리자는 처음이에요."라는 말을 자주 들었다. 어떤 지점에서는 꽤 상대하기 까다롭다고 소문이 난 선생님으로부터 "히로미 선생님은 제가 진심으로 협력하고 싶다는 마음을 가지게 된 첫 관리자예요."라는 말을 들었다. 내가 실적이 아니라 학생이나 선생님 자신들과 관련된 문제를 물어보는 모습을 보고 '우리 학생들도 소중하게 생각하는 사람'이라고 느꼈다는 것이다. 이전 관리자들은 새로 부임하고 나면 인사는 대충 넘어가고 실적과 숫자에 관한 이야기부터 꺼내기 바빴다고 한다. 결국 사람의 의욕을 일깨우는 것도, 사람을 노력하도록 만드는 것도 사람에 대한 인정과 따뜻한 말 한마디다.

배려와
관심의
힘

언젠가 실적이 저조한 규슈(九州) 지점의 학원에 도움을 주기 위해 파견 근무를 한 적이 있었다. 당시에 나는 본사의 사업부장이었기 때문에 무엇보다 실적을 중요하게 관리했다. 물론 그런 나를 도와주는 사람은 없었다.

낯선 지역과 학원에 적응하면서 최선을 다해 노력했지만 좀처럼 실적이 오르지 않았다. 뾰족한 방법을 찾지 못하고 있던 내게 한 통의 전화가 걸려왔다.

"히로미 씨, 잘 지내나요?"

너무나 반가웠다. 그녀는 내가 예전에 신세를 졌던 여성 상사인데, 내가 지방으로 파견을 나가 일하고 있다는 사실을 전해 듣고는 안부 전화를 한 것이었다. 지금까지 다양한 상사들을 만났지만, 역시나 자신의 숨은 재능을 이끌어 내주는 사람은 상대방의 존재를 인정하는 법을 아는 상사였다.

그 상사는 각 지점의 실적표를 통해 내 실적을 알고 있었을 것이다. 하지만 "실적은 잘 오르고 있나요?"라고 묻지 않았다. 그 대신, "본사에서 볼 수 없어서 알아보니 파견을 갔다고 해서 이렇게 전화를 걸게 되었어요."라고 인사만 전할 뿐이었다. 그렇게 신경을 써주고 배려해주는 마음이 정말 고마웠다. 지금도 잊을 수 없다.

상사로부터 전화 한 통을 받은 것에 불과하지만, 그때부터 나는 더 열심히 노력할 수 있었다. 그녀를 기쁘게 해주고 싶다고 생각하자 몇 배나 더 힘이 나고 자신감도 생겼다. 그 결과, 목표 실적을 달성할 수 있었다.

일이 잘 풀릴 때에는 주변의 관심을 한껏 받고, 높은 평가도 받기 때문에 정신적으로나 육체적으로나 좋은 기운을 받아 자신의 능력을 십분 발휘할 수 있다. 하지만 일이 뜻대로 풀리지 않을 때야말로 '존재에 대한 인정'이 중요하다. 만약 동료 중 한 사람이 의기소침해 있다면 먼저 다가가 "늘 지켜보고 있다"는 말을 건네보라. 그러면 그는 그 말에 힘입어 틀림없이 긍정적으로 일에 몰두할 수 있게 될 것이다.

스스로 문제를
해결하게 만드는
리더

앞서 만화에 등장한 스미코 씨는 내가 사업부장이 된 후, 관리자로서 배속된 내 직속 부하였다. 그녀를 처음 만났을 때, 너무 얌전한 모습에 놀랐고, 영업이라는 일에 적성이 맞을지 걱정되었다. 하지만 나의 관점을 바꿔 그녀의 영업 실적을 올리려면 무엇을 해야 할지 생각하자 그녀에게서만 찾을 수 있는 장점들이 보이기 시작했다.

스미코 씨는 매일 아침 일찍 출근해 늘 책상 주변을 정리정돈했다. 복장이나 몸가짐도 단정하고 자기 관리도 철저했다. 시간이나 기일을 반드시 지키는 사람으로도 유명했다. 반면 영업 실적이 좋은 사람이라도 근무 태도가 나쁘거나 결근이 많거나 약속을 지키지 않는다면 이내 실적이 떨어지기 시작하고, 결국 그만두기 일쑤였다. 지금 당장의 숫자나 결과에서는 좋은 평가를 받을지라도 기본을 제대로 갖추지 못한 사람은 회사 생활을 지속하기 어렵다.

그래서 나는 상사들이 스미코 씨의 영업 실적을 걱정하며 적성에 맞지 않는다고 평가할 때에도 반드시 그녀가 실적을 올릴 수 있을 것이라고 평가했다. 영업 실적은 곧 자신의 결과다. 그 결과가 나쁘다면 가장 신경을 쓰는 사람은 스미코 씨 자신이다. 게다가 결과를 놓고 추궁한다고 해서 바뀔 것은 아무것도 없다. 그보다는 영업 실적을 내기 위한 과정에 주목하고 그 사람만의 변화나 노력의 흔적을 인정해야 한다.

비록 스미코 씨가 실적을 올리지는 못했지만, 실적을 올리기 위한 노력을 결코 게을리하지 않았다는 것을 나는 알고 있었다. 그래서 나는 그녀의 노력을 인정하며, 성실하게 일하는 자세를 늘 지켜보고 있다고 말해주었다. 내가 지속적으로 말을 건네자 스미코 씨는 사람들에게 적극적으로 말을 걸 수 있게 되었고 마침내 훌륭한 관리자가 되었다.

상대방의 강점은 관심을 갖지 않으면 보이지 않는다. 누구나 반드시 자신만의 강점을 가지고 있다. 그것을 발견하고 이끌어낼 수 있는 사람만이 훌륭한 리더가 될 수 있다.

마음을
움직이는
감사의 법칙

상대방에게 고맙다는 말을 해야 한다는 사실을 잘 알고 있으면서도 그 말을 분명하게 전달하지 못하는 사람들이 꽤 많다. 상대방으로부터 고맙다는 말을 들었을 때 자신의 기분이 좋아지듯, "고맙습니다"라는 말은 '존재 인정'을 위한 최고의 말이다. 고맙다는 말을 듣는 것만으로도 누구나 자신이 꼭 필요한 사람이라는 느낌을 받기 때문이다.

회사의 직원들에게도 도움을 받았으면 반드시 고맙다는 말을 하자. 나는 이것을 "○○해주셔서 고맙습니다"의 법칙이라고 부른다. 상호 간에 고맙다는 말이 적금처럼 쌓인 인간관계에서 서로 지시하거나 지적하는 것과 그런 적금이 전

혀 쌓이지 않은 상태에서 서로 지시하거나 지적하는 것은 전혀 다른 문제다. 무엇보다 서로 고맙다는 말이 익숙하지 않은 관계에서는 자신의 생각과는 전혀 다른 의미로 상대방이 받아들일 수 있다.

우선, "지난번 ○○를 해줘서 정말 고마워. 덕분에 작업을 순조롭게 진행할 수 있었어."라고 감사의 마음을 전하자. 또 상대방의 행동이 아니라 행동에 의한 결과나 영향을 함께 전하는 방법으로 감사의 마음을 보다 의미 있게 전할 수 있다. 단순히 "자료를 만들어줘서 고마워."가 아니라 "자네가 만들어준 이해하기 쉬운 자료 덕분에 프레젠테이션을 무사히 끝낼 수 있었어. 정말 고마워."라고 말하면 상대방은 자신의 도움이 확실하게 효과가 있었다고 실감할 수 있다. '기분이 좋았다', '도움을 받았다' 등도 상대방의 도움을 받아서 생긴 좋은 결과에 대한 보답을 전하는 말이다.

대책 없이
불평하는 사람을
대하는 법

팀의 실적이 저조해 고민하는 사람들은 '왜 우리 팀은 의욕적이지 못할까?', '왜 아무리 시간이 흘러도 일을 제대로 소화해내지 못할까?'라고 생각하기 쉽다. 이때 팀원들에게 "확실하게 좀 해봐!"라고 말해도 상대방은 쉽게 변하지 않는다. 오히려 팀원 사이의 관계만 서먹해질 수 있으니 주의하길 바란다.

기본적으로 사람이 행동을 바꾸려면 두 가지 조건이 필요하다. 우선, '목표 설정'이다. ○○○한 사람이 되고 싶다거나 ○○○한 일을 해내고 싶다거나 하는 생각을 스스로 할 수 있도록 목표를 설정하면 그 사람은 바뀐다. 다른 하나는, '위기감 의식'이다. 본인 스스로 이대로는 안 된다고 하는 위기감을 느낀다면 그 사람의 행동은 바뀐다.

인간은 마음으로 느껴야 움직이는 감정의 동물이다. 상대방이 바뀌기를 바라면서 무작정 지시하고 꾸짖고 화를 내기만 하면 바람직한 결과를 얻을 수 없다. 상대방이 느끼게 해야 한다. 그럼 어떤 식으로 느끼게 해야 할까.

에피소드 하나를 소개해보자. 할머니, 부모님, 초등학교 1학년 자녀가 함께 살고 있는 한 가족이 있다. 초등학생 자녀는 주말마다 학교에서 실내화를 가지고 온다. 한번은 아흔 살의 할머니가 실내화를 빨아주었다. 하지만 할머니는 힘이 없기 때문에 깨끗하게 빨 수 없었다. 물기가 마른 실내화를 보고 아이는 여전히 더럽다면서 불평을 했다. 만약 여러분이라면 아이에게 뭐라고 말할 것인가.

"그게 무슨 말이니! 할머니가 힘들게 빨아주셨으면 '고맙습니다.'라고 해야지. 마음에 들지 않으면 네가 직접 빨아."

아마도 이렇게 말하는 사람이 가장 많을 것이라 생각된다. 이렇게 감사를 말로 가르치려 하면 오히려 역효과만 날 뿐이다. 앞서 소개한 집의 어머니도 마찬가지였다. 하지만 그날 저녁, 아버지는 아이에게 이렇게 말했다.

"할머니가 왜 너의 실내화를 빨아주었다고 생각하니? 그건 네가 사랑스럽기 때문이야. 실내화가 더러우면 다시 빨면

돼. 하지만 적어도 한 번은 신은 뒤에 빨도록 해. 만약 신지도 않고 다시 빤다면 할머니가 어떻게 생각하실까? 할머니는 아무런 도움도 되지 않는다는 생각에 실망하실 거야. 그러니까 한 번만이라도 신고 다시 빨도록 하자. 알겠지?"

단순히 야단을 치고는 상대방에게 지시를 내리는 것이 아니라 우선 상대방의 존재나 기분을 인정하고 마음을 움직이게 해서 본인 스스로 어떻게 해야 하는지에 대한 목표와 연결 짓도록 하는 것이다. 이때 아버지는 존재를 인정하는 말을 가장 먼저 꺼냈다.

○ **너는 할머니의 사랑스러운 손자다**(아이에 대한 존재 인정).
○ **할머니가 도움이 되지 않는다면 실망하실 것이다**(할머니에 대한 존재 인정). 그리고 **"이런 사람이 되고 싶다**(또는 그런 사람은 되고 싶지 않다)"는 마음이 생길 수 있는 말을 전한다.
○ **할머니를 실망시키고 싶지 않다**(목표).

아이의 행동을 심판하거나 통제하는 것이 아니라 아이의 존재와 기분을 인정한 뒤에 어떻게 감사하고 어떻게 행동해야 하는지를 전하는 것이 바로 '느끼게 하는' 것이다.

상대를 인정하면
자신도
인정을 받는다

우리 아버지가 췌장암으로 인해 남은 시간이 반년뿐이라는 선고를 받고 입원했을 때의 일이다. 아버지는 통증을 억제하는 진통제 때문에 의식이 몽롱해져서 말을 걸어도 반응하지 않았다. 의학적인 지식이 없는 내가 보기에도 우리에겐 시간이 얼마 남지 않은 것 같았다. 아버지는 기저귀를 차고 있었고 간호사들이 매일 그 기저귀를 갈아주는 날들이 반복되었다.

하루는 한 간호사가 아버지가 계신 침대의 커튼을 닫고 재빨리 기저귀를 갈아주고는, 무슨 일이 생기면 자신을 불러달라는 말을 남기고 병실을 나갔다. 그리고 다음 날, 새로운 간호사가 들어왔다. 새로운 간호사는 아버지 침대의 커튼을 닫고는 아버지에게 "아저씨, 기저귀 갈아드릴게요. 몸을 움직이면 좀 아프실 수도 있어요. 죄송해요."라고 말했다. 나는 이상한 기분이 들었다. 그런 말을 한다고 아버지가 반응을 보일 리 없었다. 의식이 없을뿐더러 진통제 때문에 통증도 거의 느끼지 못할 것이다. 그런데도 간호사는 아버지에게 상냥하게 말을 걸어준 것이다. 게다가 "아저씨, 이제 갈게요. 불편한 일 있으면 부르세요."라는 말을 남기고 병실을 나섰다.

처음의 간호사가 잘못했다거나 나쁘다는 것이 결코 아니다. 하지만 딸의 입장에서 볼 때 분명 고마움을 느끼는 간호사는 후자 쪽이다. 비록 의식이 몽롱해 반응을 보이지 않는 환자이긴 해도, 병실에 누워 있는 사람을 한 명의 인간으로 인정하고 대응한다는 점에서 기쁨을 넘어 감동을 느꼈다. 이것이야말로 존재에 대한 인정의 태도 중 최고의 방식이라는 느낌이 들었다.

2장. KEY POINT

1— 누구나 자신의 존재를 인정받으면 마음의 안정을 느낀다.
2— 결과보다 경과를 인정해야 한다.
3— 감사의 말을 할 때에는 상대방의 행동에 의한 영향과 결과를 함께 전한다.

내가 없어도
회사가 돌아갈까?

전자기기 회사 과장,
40세 여성

저는 20년 전에 대기업에 속하는 전자기기 회사에 취직했고, 몇 년 전부터는 과장으로 일하고 있습니다. 10명의 팀원을 이끄는 위치에 있지만, 업무를 적절하게 분배하지 못해서 저 혼자 모든 일을 처리해야 하는 상황에 놓인 적도 많습니다. 어떻게 해야 팀원들과 함께 업무를 바람직하게 추진할 수 있을지 고민입니다. 그런데 세미나에 참석하고서 돌이켜보니 당시에는 팀원의 장점과 단점들을 전혀 파악하지 못하고 있었던 것 같다는 생각이 들었습니다.

저는 별다른 해결책을 찾지 못한 상태에서 둘째 아이의 출산 휴가에 들어갔습니다. 일을 쉬는 동안에는 아들을 보육원에 맡겼지만, 컨디션 때문인지 초조함에 휩싸여 지냈습니다. 이대로 출산하고 직장에 다시 복귀한다고 뭐가 달라질까 하는 불안감도 느꼈습니다. 주변의 엄마들로부터는 두 아이를 끌어안고 일하게 되면 '마귀할멈'이 될 수밖에 없다는 말을 들었습니다. 솔직히 그들의 말처럼 '마귀할멈'이 되고 싶지는 않았습니다. 바로 그런 생각이 들 때, 히로미 선생님의 강의를 듣게 되었습니다.

두 달에 걸친 세미나 중에서 가장 가슴에 와 닿은 것은 '모두 각자 다른 방식을 가지고 있다'는 것이었습니다. 섬세한 사람, 대범한 사람, 소심한 사람…. 어떤 일을 받아들이는 방식도, 업무에서의 장점과 단점도 제각각이라는 것을 알게 되었습니다. 그리고 좋고 나쁜 문제가 아니라 각 개인이 다른 방식으로 살고 있다는 것을 그제야 깨달았습니다. 각자의 방식을 살릴 수 있는 방법을 생각해야 일을 순조롭게 진행시킬 수 있다는 것도 알게 되었습니다.

또 처음으로 나 자신과 맞서 나의 방식에 관해서 생각해보았습니다. 그렇게 저는 세밀한 자료를 작성하거나 일상적인 업무에 서투르다는 단점을 알게 되었습니다. 다른 사람과 업무 속도를 맞추는 것도 서툴렀습니다. 제 단점도 인정하려고 노력했습니다. 과거에는 나의 속도에만 집중해 일을 추진하다 보니 아무도 저를 따라와주지 않았던 경험도 있었습니다.

그런가 하면, 저는 고객의 불만사항에 대해 신속하게 대응하는 행동력을 가지고 있습니다. 눈앞에 발생한 문제를 냉정하게 받아들이고 즉시 대책을 세우고 행동하는 편입니다. 그런데 주변의 팀원들을 보니 고객의 불만사항에 제대로 대응하지 못해 쩔쩔매고 있다는 것을 발견할 수 있었습니다. 저로서는 고객의 불만사항을 접하면 합당한 대응책을 먼저 떠올리는 것이 당연한 일인데, 누군가는 자신을 원망하고 침울해지거나 어쩔 줄 몰라 혼란을 느끼기도 한다는 것을 알게 되었습니다. 이러한 것들을 알게 되자 앞으로 어떤 식으로 팀원들을 대하고 어떤 식으로 지시를 내려야 하는지 이해할 수 있었습니다.

나의 장점과 단점을 이해하게 되자 다른 사람의 장점과 단점도 깨닫게 되었습니다. 직장으로 복귀한 후 저는 지금까지 해왔던 업무 처리 스타일부터 바꾸었습니다. 오후 5시 15분까지 단축 근무를 해야 하는 상황에서 하루에 처리할 수 있는 업무량은 제한적일 수밖에 없었습니다. 자연스럽게 팀원들에게 업무를 분담해야 했고, 이때 팀원들의 장점과 단점을 고려해 업무의 적임자를 찾아 분배하자 팀의 전체 업무 능력이 부쩍 향상되었습니다.

팀원 스스로 자신 있다고 생각하는 업무라면 맡겨도 안심할 수 있습니다. 나와 다른 방식이 존재한다는 사실을 깨닫게 된 저는 진심으로 팀원들에게 고맙다는 말을 할 수 있게 되었고 그들과의 관계도 더욱 좋아졌습니다. 현재는 제가 자신이 없는 자료 작성 등의 세밀한 업무에서 적극적으로 팀원들의 도움을 받고 있습니다. 그 덕분에 일을 처리하는 속도가 향상되었습니다. 저 혼자 일을 끌어안고 있는 경우도 사라졌고, 짧은 시간에 함께 힘을 모아 일을 처리하자 출산 휴가 전보다 훨씬 많은 양의 일을 처리하고 있습니다.

또 저 자신을 객관적으로 돌아보는 과정을 통해 체력이나 감정의 수용 능력을 이해하게 되었고, 스스로 한계에 도달하기 전에 기분 전환을 하거나 휴식을 취하는 경우가 늘었습니다. 무리해서 노력하거나 초조해지거나 컨디션을 무너뜨린다면 절대로 버텨낼 수 없을 것입니다.

가정에서도 변화가 일어났습니다. 회사에서 초조했던 마음이 사라져서 그런지 엄마의 역할에서 여유가 생겼고, 아이들이 아픈 날도 거의 없어졌습니다. 첫째 아이의 출산 이후에는 아이의 컨디션이 나쁠 때에만 유급 휴가를 사용했는데, 최근에는 저 자신을 위해서나 가족과 함께 시간을 보내기 위해서 계획적으로 사용하게 되었습니다.

벌써 세미나를 수강한 지 8년이나 지났지만, 지금도 생각이 정리되지 않거나 가슴이 답답할 때는 저 자신과 다른 사람의 방식 차이를 기억해내고 서로를 인정하고 수용하는 방향으로 일을 추진하고 있습니다. 이렇게 스스로 고쳐나갈 수 있는 토대를 갖게 된 것이 정말 행운이었다고 생각합니다.

3장

**왜 사사건건 남의 일에
간섭하는 걸까?**

우리는 집단에 속해 있으면서 자신의 존재가 집단에 있어야 하는 이유를 통해 안도감을 느끼고 싶어 하는 생물이다. 누구나 좋은 평가를 받고 싶어 하고, 필요한 사람이 되고 싶어 하고, 소중한 취급을 받고 싶어 한다. 또 다른 사람에게 도움이 되고 싶어 한다. 그리고 이런 이유를 느낄 수 있다면 인간관계도 달라진다.

지금까지 누구나 각자의 방식을 갖고 있고, 서로의 방식을 인정하고 수용해야 한다고 설명했다. 다양한 사람들이 모인 팀에서는 이런 자신의 방식과 상대방의 방식을 강점으로 살려 시너지 효과를 만들어야 한다. 이번 장에서는 많은 팀원들이 원활하게, 보다 효율적으로 일을 처리하기 위해 필요한 것들을 생각해보도록 한다.

함께 일하는
즐거움을
위하여

팀으로 일할 때 가장 중요한 것은 모두 같은 목표를 지향해야 한다는 것이다. 그리고 그 목표를 달성하기 위해 흔들림 없이 각자의 일을 완수해야 한다.

만화에도 등장했지만 학부형 모임에서 일할 때 스가코 씨는 내게 불편한 존재였다. 사실 나는 모임의 중심에서 주도권을 잡고 싶었다. 하지만 그럴 수 없는 상황이어서 그 마음 속 스위치를 꺼두었다. 내가 그렇게 할 수 있었던 이유는 목표를 보고 있었기 때문이다.

학부형 모임의 목표는 아이들을 위한 것이어야 한다. 결코 자기실현을 위한 수단이 되어서는 안 된다. 아이와 학교를 위한 목표라면 스가코 씨가 모임의 중심에 서도 상관없다.

대부분 목표를 잊어버렸을 때, 제아무리 열심히 일해도 바람직하지 않은 결과를 낳게 된다. 팀으로 함께 일할 때 목표를 모두 공유할 수 있으면 그 프로젝트는 바람직한 결과를 낼 수 있다. 특히 장기간의 프로젝트를 진행하다 보면 목표를 잊어버리기 쉽다. 따라서 목표가 무엇인지 수시로 확인해야 한다. 그렇게 하면 자신이 어떤 행동을 해야 할 것인지 보인다.

모두 한마음으로 노력해서 같은 목표를 달성하는 기쁨과 즐거움은 혼자서 해내는 일에서는 결코 맛볼 수 없는 것들이다. 혼자서 일하는 동력이 1마력이라면, 열 명이 모이면 10마력의 동력이 생긴다. 그리고 서로에게 바람직한 영향을 끼칠 수 있다면 그 힘은 10마력 이상이 될 수도 있다.

좋은 사람과
나쁜 사람
구분법

스가코 씨와 내가 서로의 방식 때문에 불편한 느낌을 받은 것처럼 여러분도 비슷한 경험이 있을 것이다. 물론 스가코 씨는 일처리를 잘하고 덕망이 두터운 멋진 여성이다. 덕분에 내가 바쁠 때에도 혼자서 모든 일을 처리할 수 있었다. 나는 내 일과 함께 학부형 모임 활동을 병행한 것이기 때문에 그녀의 존재는 정말 믿음직했고 고마웠다. 하지만 언제부터인가 그것이 기분 좋은 일만은 아니라고 느끼고 있는 나 자신을 발견했다.

앞서 각자의 방식에는 우열이 없다고 말했다. 여기에서 한 가지를 덧붙이자면, 그 방식들이 때로는 플러스가 되기도 하고, 때로는 마이너스가 되기도 한다는 것이다. 모든 일에는 반드시 양면성이 있으며, 상대방에 따라 받아들이는 방법도 바뀐다.

내가 일처리 능력이 뛰어난 스가코 씨를 불편하게 느낀 이유는 간단하다. 그녀의 존재로 인해 "나는 도움이 되지 않아. 필요한 사람이 아냐."라는 느낌이 들었기 때문이다. 만약 내가 학부형 모임 활동에 소극적인 사람, 또는 억지로 참가한 사람이었다면 무슨 일이건 적극적으로 처리해주는 사가코 씨를 '정말 좋은 사람'으로 느꼈을 것이다. 그러나 내 일도 열심히 하고, 학부형 모임에서도 좋은 활약을 하고, 다른 사람들에게 도움이 되고 싶다는 생각이 앞서면 스가코 씨가 일을 빼앗아가는 '나쁜 사람'이 된다.

그렇다. 우리가 흔히 말하는 좋은 사람과 나쁜 사람이라는 것은 단지 그런 판단을 하는 사람에게 있어서 좋은 사람인가, 나쁜 사람인가의 문제일 뿐이다.

내 성격을
솔직하게
고백하기

나는 팀원들과 일을 시작할 때 반드시 나의 방식에 대해 알려준다. 예를 들면, '첫째, 중심에 서고 싶다', '둘째, 느낌으로 결정한다', '셋째, 생각한 것을 솔직하게 말로 표현한다'처럼 내가 일하는 방식을 설명한다. 일이 뜻대로 진행되지 않을 때에는 대부분 이러한 방식 중 어느 하나가 마이너스로 작용하고 있기 때문이다.

나의 방식을 인지하고 있으면 스스로 문제점을 깨닫기도 쉽고, 또 팀원들도 "그는 중심에 서고 싶어 하는 사람이니까 모든 일을 내가 처리해버리면 의욕을 잃을 거야."라고 생각하며 업무의 균형을 의식할 수 있다. 그리고 일을 적절히 나누어 맡는 식으로 서로에게 배려할 수도 있다.

나는 주로 생각을 솔직하게 말하는 사람인데, 이러한 성격은 코치라는 입장에서는 상당한 플러스 요인으로 작용한다. 예를 들어, 강의가 끝난 뒤에 수강생들과 점심식사를 하는 경우에도 나는 거침없이 말을 건네는 편이다. 그러면 수강생들은 개별적으로 충고를 해주어서 고맙다면서 받아들인다. 하지만 학부형 모임에서 이러한 나의 성격을 고집했다가는 마치 내가 누군가를 가르치려는 듯한 분위기를 만들어 사람들이 거부감을 느낀다.

이것은 세미나와 학부형 모임에서 각각 내게 원하는 역할이 다르기 때문이다. 따라서 나는 학부형 모임에서 코치를 하지 않는다. 학부형 모임의 구성원들은 충고를 원하지 않기 때문에 쓸데없는 말을 하면 기분만 상할 뿐이다.

더불어 나는 학부형 모임의 구성원들을 만날 때, "나는 내 생각을 나도 모르게 표현하는 경우가 있어요. 가끔 독선적인 말을 할 때가 있는데 그럴 때에는 걱정하지 말고 지적해주세요."라고 미리 말해둔다. 그러면 적어도 사람들에게 내가 다른 사람들을 가르치려 들고 자기주장만 하는 독선적인 사람이라는 오해를 주지 않을 수 있다.

팀원들과 함께 일할 때에도 자신이 담당해야 할 역할을 미리 떠올려보자. 리더십을 발휘하거나 지원을 하거나 하는 식으로 자신이 어떤 역할을 담당하는 것이 좋을지 생각해보는 것이다. 자신뿐 아니라 팀원들에 대해서도 생각해보고 프로젝트를 시작하기 전에 각자의 역할에 대한 공통적인 인식을 가지면 팀의 성과는 부쩍 향상된다.

　반대로, 팀에서건 사적인 모임에서건 일이 순조롭게 진행되지 않는다면 자신의 방식을 의식적으로 '오프' 상태로 두는 것도 좋은 선택이 될 수 있다. 그렇게 사람들이 각자 자신의 방식을 돌아볼 때 팀은 원활하게 돌아간다.

상대가
없는 곳에서
칭찬하기

우리는 자신의 방식이 무엇인지 몰랐던 만큼 자신의 마음을 상대방에게 전하는 방법을 잘 모른다. 이럴 때에는 리더와 팀원을 구분하지 말고 각자가 생각하는 장점과 존재 의식을 말로 전하는 것이 가장 확실한 방법이다.

"○○ 씨가 이끌어주었기 때문에 우리 모두 일을 편하게 할 수 있었습니다.", "×× 씨의 지원 덕분입니다."처럼 속마음을 직접 본인에게 말로 표현해보자. 이렇게 서로의 장점을 전하는 것만으로도 팀의 의욕을 높이고 분위기를 향상시킬 수 있다. 특히 기운이 없어 보이는 팀원이나 고민이 많아 보이는 팀원이 있다면 말을 걸어보도록 하자. 단, 팀원들과의 대화를 평가나 지적을 위한 수단으로 생각해서는 안 된다.

다른 사람을 개입시켜 칭찬하는 방법도 효과적이다. 예를 들어, ○○ 씨에게 직접 칭찬하는 것이 아니라 다른 동료들에게 ○○ 씨의 노력 덕분에 큰 도움을 받았다는 식으로 고마움을 표현하는 것이다. 나는 이것을 '속삭이기 대화법'이라고 부른다. 자신이 직접 칭찬을 듣는 것도 기분 좋은 일이지만 자신이 없는 장소에서 누군가가 자신을 높이 평가해주고 있다는 사실을 알면 더욱 기분이 좋아진다. 그리고 자신이 칭찬받고 있다는 것을 많이 느끼는 사람일수록 의욕적으로 일하게 된다.

이렇게 팀의 분위기가 좋으면 반드시 성과도 오른다. 반대로 마이너스 요인이나 부정적인 말만 늘어놓는 팀에서는 좋은 상품, 서비스, 아이디어가 나올 수 없다.

나만 몰랐던
나만의 강점들

이제 팀에서 자신의 역할을 발견하기 위해 자신의 '강점'이 무엇인지를 함께 생각해보자. 누구에게나 강점이 있다. 강점이라고 하면, 다른 사람과 비교할 때 남들보다 우수한 그 무언가를 생각하기 쉽지만, 그렇지 않다. 평소에 당연한 듯 실행하고 있는 방식을 깨닫고 필요할 때에 적절히 활용하면 그러한 방식들도 자신만의 강점이 되는 것이다.

만약 자신의 강점을 10가지만 적어보라고 하면 여러분은 즉시 대답할 수 있는가. 직장인들을 대상으로 하는 강의에서도 이러한 질문에 대부분 쉽게 답하지 못한다. 자신의 강점을 의식하지 못하고 있다는 것은 정말 안타까운 일이다.

우선, 자신의 강점을 발견하려면 상사, 동료, 친구, 가족 등 가까운 사람들에게 폭넓게 물어볼 것을 권한다. 다른 사람들에게 물어보기 부끄럽거나 어렵게 생각해 행동에 옮기지 않으면 자신만 손해다. 또 누군가에게 칭찬받았을 때에 손사래를 치며 겸손해할 것이 아니라 "정말요? 예를 들면 어떤 점이 그렇습니까?"라는 식으로 자세히 물어보자. 간혹 자신이 약점이라고 생각했던 부분이 의외로 자신의 강점인 경우도 있다.

한때 나는 내 목소리를 싫어했다. 아나운서처럼 맑은 목소리는커녕 목소리 관리를 제대로 못해 허스키한 목소리를 가졌기 때문이다. 하지만 뜻밖에도 내 목소리 때문에 친구로부터 칭찬을 들은 적이 있다.

"너무 높지도 않고 너무 낮지도 않아서 듣고 있으면 편안해."

그 말을 듣고 난 후, 나는 마음에 들지 않았던 내 목소리를 강점으로 받아들이게 되었다. 그러자 세미나 수강생들에게서도 목소리가 좋다는 말을 듣게 되었다. 목소리는 대부분 부모에게 물려받은 선물이기 때문에 스스로는 의식하고 깨닫기 어렵다. 이처럼 다른 사람에게 보이는 자신의 모습을 알게 되면 뜻밖의 강점을 발견하는 경우가 많다. 그리고 그 강점은 자신만의 무기가 된다.

나는 내 목소리를 마음에 들어 하지 않았지만, 듣는 사람의 입장에서는 기분 좋게 들린다는 사실을 깨달은 순간부터 강점으로 인식하게 되었다. 자신에게 없는 것을 노력으로 습득하는 것이 아니라 이미 자신에게 있는 것을 깨닫는 것뿐이다. 다시 말해 자신의 존재를 스스로 인정하는 것뿐이다. 여러분도 자신의 강점을 발견하는 체크리스트를 통해 꼭 확인해보길 권한다.

이렇게 서로의 강점을 찾아내 팀의 성과를 높인 사례는 많다. 실제로 한 회사의 이벤트 기획운영 부서에서 있었던 일이다. 어느 날 매우 열정적이고 우수한 능력을 갖춘 한 신입사원이 입사했다. 그는 회사의 다양한 부분에서 혁신적인 일들을 하고 싶었지만, 회사는 전례를 따라 일하는 분위기가 강했기 때문에 늘 상대가 누구든 부딪히기 일쑤였다.

"그런 식으로 일을 하면 어떻게 합니까? 모두 왜 이런 식으로 일을 처리하는 것입니까?"

물론 그가 예리한 관점과 훌륭한 재능을 갖고 있었지만, 그의 상사는 그의 마이너스 요인들만 보며 그가 건방지다고 평가하기 시작했다. 그러자 그는 더욱 고집불통이 되어 주변 사람들과 늘 말다툼하는 악순환이 반복되었다. 주변에서는 신입사원과 한 팀이 된 상사를 걱정하는 목소리가 늘어났다.

실제로 두 사람과 함께 팀으로 업무를 진행해 보니 솔직하고 직설적인 말투 때문에 많이 부딪혔다. 그래도 팀원으로 함께 일하면서 신입사원의 일에 대한 열정, 기획력, 효율적 업무력 등을 매우 높게 평가하기 시작한 상사는 신입사원에게 "대단해요.", "이런 재능도 있었군요."라고 칭찬하며 지속적으로 지켜보았다고 한다. 그러자 신입사원도 "선배님의 이런 점은 정말 대단합니다."라며 조금씩 그녀의 강점을 말해 주기 시작했다. 결국 두 사람은 서로의 강점을 이해하고 시너지효과를 일으켜 높은 성과를 올릴 수 있었다. 그리고 2년간 한 팀으로 일하면서 전례가 없는 새로운 기획을 많이 만들어냈다고 한다.

"주변에서는 그런 사람과 문제없이 지내는 것을 보며 정말 대단하다고 말했어요. 하지만 우리는 뜻이 맞았던 것이 아니라 같은 목표를 향해 서로에게 부족한 것들을 보완하면서 각자의 강점을 찾아내고 인정해주었을 뿐이에요. 그래서 좋은 성과를 올릴 수 있었다고 생각해요."

쓸데없는
자존심이
결과를 망친다

보통의 원과 한쪽이 패인 원을 볼 때 아마도 대부분의 사람들이 홈이 있는 원에 눈이 먼저 갈 것이다. '부족한' 부분에 더 쉽게 눈길이 머물기 때문이다. 마찬가지로 사람을 대할 때에도 결점을 먼저 발견하게 되곤 한다.

앞서 강점에 관한 이야기를 했지만, 사실 사람을 인식할 때 가장 먼저 인식하기 쉬운 것은 약점이다. 자신이 할 수 없는 것, 자신을 불편하게 하는 것이 가장 먼저 마음에 걸리기 때문이다. 강점을 말하라고 했을 때에는 쉽게 떨어지지 않던 입이 자신에게 부족하거나 약점이라고 생각하는 것이 무엇인지 물었을 때에는 상대적으로 쉽게 떨어졌던 경험이 있

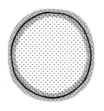

부족한 부분이 마음에 걸린다!

을 것이다.

그렇게 부족하다는 생각에만 머물면 정말 부족한 것으로 그치고 만다. 하지만 지금부터는 '부족하다'는 사실을 있는 그대로 인정하는 방식으로 역이용해 주변의 힘을 빌릴 수 있다는 이야기를 해보려고 한다.

사회인으로서 일을 하다 보면, 자신이 잘하는 것이나 자신 있는 것만을 선택할 수는 없다. 새로운 기획을 하고, 프레젠테이션을 해야 하고, 프로젝트를 기획하고, 팀을 이끄는 등의 다양한 업무를 모두 할 수 있어야 한다. 물론 자신의 능력을 넘어서는 일들을 하게 될 것이다. 이때 자신이 부족한 분야라고 생각했던 일을 맡아야 할 때 어떻게 해야 할까.

잠시 내가 경험한 이야기를 해보고자 한다. 나는 평소 일을 빨리 진행하는 스타일이 아니다. 이따금 원고 집필 의뢰를 받아도 마감일을 정할 때 시원하게 대답하는 것에 비해 늘 마감일이 닥쳐서야 탈고를 하는 편이다. 이런 나의 특성을 고려해 달력에는 늘 마감일을 적어두고, 담당자에게는 마감일을 예정보다 앞당겨 잡아달라고 말한다. 또 친한 편집자에게는 마감 며칠 전에 독촉 전화를 해달라고 부탁하기도 한다. 함께 일하는 사람을 귀찮게 하는 것이 마음에 걸릴 수도 있지만, 마감일에 끝내지 못하는 것보다는 훨씬 피해가 적은 방법이다. 이렇게 자신의 약점을 최소한으로 줄일 수 있는 방법을 모색해두는 것도 필요하다.

자신의 약점을 공개적으로 알리고 도움을 청해 바람직한 결과를 낳는 경우가 많다. 혼자 열심히 노력하는 것도 중요하지만 사회인이라면 다른 사람의 도움을 받는 것도 필요한 능력 중 하나다. 유능한 사람일수록 자신의 약점을 감추지 않고 당당하게 인정하며 다른 사람에게 부탁하는 것을 어려워하지 않는다.

약점도 곧 자신의 방식이니 노력하지 않아도 된다는 말이 아니다. 자신의 약점을 솔직히 인정하고 일이 순조롭게 풀리는 경우도 많다는 사실을 이해하기를 바란다. 태도를 바꾸거나 포기하는 것이 아니라 자신이 할 수 없는 부분에 대해 타

100
점

50
점

50
점

50
점

150
점

업무 능력은 있지만
자존심이 강하다

업무 능력은 평범하지만
다른 사람의 힘을 빌릴
수 있다

협하는 것이다.

실제로 나의 강의를 들었던 한 회사원은 자신의 동료 중에서 정말 뛰어난 능력을 가지고 있음에도 불구하고 능력을 제대로 활용하지 못하는 동료가 있다고 했다. 그의 업무능력을 100이라고 하면 그는 항상 100의 결과만을 낸다는 것이다. 그런데 그가 자존심이 매우 강해서 다른 사람의 조언을 전혀 받아들이지 않아 매우 안타깝다고 했다. 그래서 100 이상의 일을 해내는 경우가 없다는 것이다.

모든 사람이 100의 일을 할 수 있는 것은 아니다. 예를 들어, 업무 능력이 50인 사람은 자신에게 부족한 부분을 보완하기 위한 노력을 하면서 동시에 주변 사람들에게 "이런 일을 하고 싶은데 좋은 아이디어 좀 없을까?", "이런 식으로 일을 처리하고 싶은데 관련된 정보를 가진 사람은 없을까?" 하고 부탁하면 된다. 이렇게 주변 사람들로부터 조언을 얻는 것으로 100의 성과는 물론, 150의 성과를 올릴 수도 있다.

나는 다른 사람의 능력을 잘 활용한다는 말을 자주 듣는 편이다. 그렇다. 나는 업무 능력이 50인 사람에 해당한다. 하지만 돌이켜보면 나는 많은 사람들에게 도움을 받았기 때문에 내가 갖추고 있는 실력 이상의 결과를 낼 수 있었던 것이다. 큰일은 혼자서 해낼 수 없다. 그리고 자존심은 자신의 성장을 방해하고 인생의 폭을 좁힌다.

자신이 갖추고 있는 능력 이상의 힘을 발휘하기 위해 자
존심은 제쳐두고 다른 사람의 조언이나 충고에 귀를 기울이
자. 사람들과 다투지 말고 그들의 의견을 수용해보자. 부디
여러분도 다른 사람에게 도움을 받는 경험을 해보기 바란다.

우리는
누구도
완벽하지 않다

사람은 누구나 자신만의 재능을 갖고 태어난다. 예전에 누군가 나에게 이런 말을 한 적이 있다.

"우리들 각자가 모두 다섯 가지 재능을 갖추고 태어난다면, 유감스럽게도 히로미 씨는 다른 사람보다 한 가지가 적은 네 가지 재능만 갖추고 태어난 것 같아요."

처음에 그 이야기를 들었을 때, 나는 그 사람이 뭔가를 착각했다고 생각했다. 나는 다른 사람들 앞에서 이야기도 잘하고, 책도 쓰고 있다. 물론 이런 것들 때문에 특별한 근거도 없이 나 스스로 만능이라는 자신감을 갖고 있었고, 오히려 다른 사람보다 재능을 한두 가지 더 갖추고 태어났다고 생각하기도 했다. 그러자 그가 말했다.

"하지만 당신은 네 가지 재능을 모두 살려서 활용하고 있어요. 다른 사람들은 다섯 가지 재능 중에서 절반도 제대로 활용하지 못하는 경우가 대부분인데 말이죠."

그의 말을 듣고 나도 모르게 "네, 맞아요."라고 대답했다. 그가 말한 재능의 숫자는 비유에 불과했지만, 나는 '다른 사람들 앞에서 자신 있게 말한다', '다른 사람의 능력을 빌린다', '빈틈이 있다', '유머가 있고 분위기를 웃음으로 바꿀 수 있다'는 재능을 현재도 최대한으로 활용하고 있다.

여러분은 자신이 갖고 있는 재능이자 강점을 모두 활용하고 있는가. 혹시라도 자신의 무능함을 탓하면서 부족한 부분만을 메우기 위해 노력하고 있지 않은가. 아마 자신도 깨닫지 못한 훌륭한 재능이 있을 것이다. 부디 오늘부터 자신의 재능을 발견하는 쪽으로 눈길을 돌리도록 하자. 그것만으로 틀림없이 미래는 바뀐다.

3장。 KEY POINT

1— 팀의 목표를 공유하고 마음속 스위치를 적절하게 전환한다.

2— 팀에서의 자신의 역할을 이해하고 각자의 강점을 살린다.

3— 약점을 인정하고 다른 사람의 도움을 빌린다.

나를 나타내는 이미지 키워드 찾기

도전	에너지	리더십	꿈
경쟁	행동	변화	영향력
성장	명예	칭찬	결단
속도	일	이상	성공
달성	목표	카리스마	갈등
창조	개성	연구	자유
취미	대범	집착	솔직
인맥	개방	참신	자기표현
즐겁다	임기응변	긍정적	사랑
가족	동료	지원	공헌
성실	조화	배려	친절
공감	신뢰	대화	견실
자립	안정	충성	인내
분석	냉정	전략	계획
신중	책임	정확	정의
지성	정통	중심	감사

다음의 단어 중에서 '현재 자신에게 가까운, 딱 들어맞는' 키워드를 다섯 개 선택하자. 단어의 이미지에 얽매이거나 깊이 생각하지 말고, 솔직하게 직감으로 선택해야 한다.

당신이 선택한 다섯 가지 단어는 당신 행동의 근원이 되는 키워드다. 이것을 기준으로 당신의 강점, 목표, 가치관의 이미지를 파악할 수 있다. 한편, 그 반대가 되는 의미의 말은 당신의 약점이다. 팀으로 일을 진행할 때는 솔직하게 주변 사람들의 힘을 빌리도록 하자.

....

....

○ 이 결과를 상사나 동료에게 보여주고 피드백을 받자.
○ 상사나 동료들의 체크리스트를 비교해보고 그들과의 차이를 이해하자.

현재의 자신을 이해하면 원하는 자신에게
한 걸음 더 다가갈 수 있다!

기억할
— 것!

자신의 강점을 찾아라

Ⓐ 자신의 강점을 10개 적어보자.

....

....

....

....

Ⓑ 주변 사람(최소한 세 명)에게도 당신의 강점을 물어보고 적어보자.

....

....

....

....

C는 '스스로는 깨닫지 못했던 당신의 강점'이다. 이 내용을 기억하고 점차 발전시킬 수 있도록 노력하자. 반대로 D는 '아직 주변 사람들이 모르는 당신의 강점'이다. 이 강점을 살릴 수 있는 역할이 있다면 적극적으로 실천해보자.

앞 페이지의 키워드를 힌트로, 당신의 강점을 확인하자.

ⓒ   B 중에서 A에는 없는 요소가 있으면 적어보자.

....

....

....

....

ⓓ   A 중에서 B에는 없는 요소가 있으면 적어보자.

....

....

....

....

자신만, 또는 주변 사람들만이 알고 있는 강점을
의식할 수 있으면 가능성의 폭이 훨씬 넓어진다.

4장

도대체 그의 진짜
속마음은 무엇일까?

상대방의 기분이 약간 나빠 보인다는 이유만으로 상대방이 나를 싫어하는 것은 아닌지 걱정하며 거리를 두는 경우가 있다. 사람들은 인간관계에서 지쳤을 때 자신의 독선적인 억측에 휘둘리게 되는 경우가 많다. 불편한 사람은 어디든 존재한다고 말했지만, 사람들이 너무 쉽게 인간관계를 단절해버리는 경우가 많은 것 같아 안타깝다는 생각마저 든다. 상대방을 불편하게 생각했어도 실제로 대화를 나눠보면 의외로 마음이 잘 맞는 경우도 있고 그런 인간관계를 통해서 기회의 폭을 넓힐 수 있는 경우도 많다. 무엇보다 우리는 인간관계를 통해서 성장한다는 사실을 잊지 말아야 한다.

팩트보다
추측에 길들여진
사람들

사람들은 매일 다양한 추측에 휘둘려 살아가고 있다. 한 여성과의 상담을 통해 추측으로 인해 어려움을 자초하게 된 이야기를 들을 수 있었다. 그녀의 부서에는 배려심이 많은 다섯 살 연상의 선배가 있었다. 그 선배는 후배들에게 세심한 조언과 엄격한 지도를 아끼지 않았다. 그런데 그녀에게만 아무것도 가르쳐주지 않았다고 한다. 좀처럼 말도 걸지 않아 마음에 걸렸다고 한다. 그러다 그녀는 이런 생각이 들었다고 한다.

"왜 나만 방치해두는 것일까? 다른 사람에게는 조언도 해주면서…. 혹시 나를 싫어하는 것이 아닐까?"

누구나 이렇게 마음속으로 혼잣말을 되뇌어본 경험이 있

을 것이다. 하지만 이것은 자의적인 해석이고 독선적인 추측일 뿐, 사실이 아니다. 이러한 부정적인 추측으로 인해 그녀는 스스로를 부정하게 되었고 우울한 상태에 빠졌다.

그러다 언젠가 마음을 굳게 먹고 선배에게 물어보았다고 한다. 놀랍게도 선배는 그녀를 매우 우수한 후배라고 생각해 확실하게 믿고 있었기 때문에 굳이 참견하지 않고 모든 일을 맡겨두었던 것이다. 이렇게 상대방에게 직접 들어보면 자신이 생각했던 것과는 전혀 다른 의미로 해석되는 경우가 의외로 많다. 머릿속에서 추측이 시작되면 우선 자신에게 이렇게 물어보자. "이것은 사실인가, 나만의 추측인가?"

무엇보다 상대방에게 직접 물어보고 사실을 확인해야 한다. 상대방에게 물어보기 어렵다면, 더 이상 자신이 사실을 확인할 수 없고 그 문제로 인해 신경을 쓸 필요가 없다고 판단하고 추측을 그만두어야 한다.

상대방의
거절에
상처받지 마라

세미나 수강생 중에는 영업부서에서 일하는 남성이 있었다. 그는 고객들을 상대로 전화를 이용한 영업 활동을 하고 있었는데 고객이 바쁜 시간은 아닐지, 방해를 하는 것은 아닐지 하는 생각에 전화를 거는 일에 두려움을 느낀다고 했다.

나는 그에게 "승낙 또는 거절을 결정하는 것은 상대방이지 당신이 아니다."라고 말해주었다. 고객에게 전화를 걸어 "지금, 통화가 가능하십니까?"라고 물었을 때 만약 고객이 정말 바쁘다면 "지금은 통화가 어렵습니다."라고 말할 것이다. 고객이 그렇게 대답하면 다음에 다시 걸면 된다.

그 영업사원의 심리에는 "거절하는 말을 듣는 것이 두렵다."는 생각이 깔려 있었다. 누구나 계속 거절을 당한다면 기분이 가라앉게 되고 다음에 전화를 걸어도 거절당할 것이라는 생각에 전화를 거는 일 자체를 두려워하게 된다.

하지만 그것은 그의 잘못이 아니라 단지 타이밍이 맞지 않았거나 자신이 취급하는 상품이나 서비스가 상대방의 욕구에 맞지 않았을 뿐이다. 이러한 경우에는 자신의 노력만으로는 어쩔 수 없는 것이 분명하다.

그러한 고객의 반응을 자신의 존재에 대한 거절이라고 받아들이면 괴로워질 수밖에 없다. 고객의 반응을 확실하게 구분해서 생각할 수 있으면 행동을 망설일 필요가 없어지고 일을 부담 없이 진행할 수 있다. 일에서의 기회는 사람을 통해서 찾아온다. 일을 순조롭게 진행하는 사람은 상대방의 반응을 두려워하지 않고 자신의 인연을 넓혀갈 줄 안다.

내게 상담을 하러 온 영업사원도 "승낙과 거절은 상대방이 결정한다."는 말을 듣고는 자신의 생각을 바꾸게 되었다고 한다. 거절을 두려워한 나머지 상대방을 위한 배려라는 생각에 빠져 소중한 인연을 놓쳐버리는 사람도 많다.

"바쁠 것 같아서 식사에 초대하지 않았다."

"흥미가 없을 것 같아서 제안하지 않았다."

이러한 배려는 사실 모두 상대방의 의사와는 무관한 독선적인 추측에서 비롯한 것들이다. 이런 상황에서도 승낙과 거절은 상대방이 결정하는 것이라고 생각하고, 일단 타진을 해보는 것이 필요하다. 일단 상대방에게 부딪히고 보는 것이다.

도쿠가와(德川) 가문의 검술을 지도한 야규(柳生) 가문에는 이런 가훈이 내려온다고 한다.

○소재(小才)는 인연을 만나도 그 인연을 깨닫지 못하고
○중재(中才)는 인연을 만나도 그것을 살릴 줄 모르며
○대재(大才)는 옷깃이 스치는 인연이라도 그것을 살릴 줄 안다.

재능이 전혀 없는 사람은 인연을 만나도 알아보지 못한다. 평범한 사람은 인연을 만나도 활용할 줄 모른다. 우수한 재능을 갖춘 사람은 옷깃만 스치는 작은 인연이라도 그 인연을 최대한 살려 활용할 줄 안다는 뜻이다.

불편한 친구나 불만사항을 말하는 고객들을 직접 겪어보면 의외로 관계를 넓힐 수 있는 경우가 많다. 새로운 문이 열릴 수도 있는 기회를 스스로 차버린다면 정말 아까운 일이다. 주변에 있는 인간관계를 소중하게 여기도록 하자. 무엇보다 두려워하지 말고 부딪혀보자. 그리고 거기에서 얻을 수 있는 인연을 부디 소중하게 여기자.

나도 늘 주변의 인연을 소중하게 여긴 결과, 현재의 내가 존재한다고 생각한다. 다양한 기회나 일은 먼 곳이 아니라 가까운 사람으로부터 연결되는 경우가 훨씬 많다.

누가
저 좀
말려주세요

나는 사람들과 관계를 유지할 때 "우선 나부터 시작한다"는 생각을 갖고 임한다. 누구나 다른 사람에게 주는 것보다 받는 것을 원하기 쉽다. 자신이 먼저 말을 거는 것보다 말을 걸어주기를 바라고, 지켜봐주기를 바란다. 하지만 상대방의 행동은 자신이 통제할 수 없다. 그렇기 때문에 자신이 먼저 사람들에게 다가가야 한다.

사랑은 부메랑이다. 우선 자신부터 시작하자. 자신이 준 것은 언젠가 반드시 자신에게 돌아온다. 특히 대다수의 사람들이 불편한 사람과는 원만한 관계를 유지하기를 어려워한다. 하지만 그럴수록 두 사람 사이의 관계는 더욱 나빠지는 악순환에 빠진다.

그러므로 불편한 사람일수록 먼저 다가가 말을 걸어보자. 굳이 즐거운 대화를 나눌 필요는 없다. 먼저 인사를 하는 정도면 충분하다. 대신 그것을 꾸준히 지속하자.

나의 아들이 다니는 초등학교에서 학부형 임원으로 활동할 때의 일이다. 한 여성 위원장이 있었다. 그녀와 처음 만났을 때의 인상이 매우 강렬했기에 지금도 분명하게 기억하고 있다. 학교의 문제를 해결하기 위해 모인 임원회의에서 그녀는 나머지 임원들에게 "그건 아니지요. 규약 위반이에요!"라고 반대 의사를 분명하게 밝혔다. 그녀의 말이 틀린 것은 아니었지만 그녀의 태도를 보고는 솔직히 "피곤한 사람이구나." 하고 생각했다.

다음 해, 그녀의 아들과 나의 아들이 같은 반이 되었다. 마음속으로는 조금 걱정이 되었지만 피할 수 없는 일이었다. 그런데 내가 먼저 그녀에게 말을 걸어 대화를 시도하자 그녀가 생각만큼 나쁜 사람이 아니라는 것을 알게 되었다. 우선 나는 그녀의 열정을 인정해주는 말로 대화를 시도했다.

"몇 년 동안이나 임원으로 봉사하고 계신다니 정말 감사드려요. 이렇게 오랜 기간 동안 활동하시는 분은 거의 없는데…."

정말 그녀는 임원으로서 맡은 일을 열심히 하는 사람이었다. 다만, 감정적으로 치우치면 주변을 살피지 않거나 겉도는 성향을 가졌을 뿐이었다. 본인도 자신의 방식을 인지하고 있었다. 나는 그녀에게 약간의 조언을 더했다.

"다만, 너무 열정적이어서 다른 사람들과 문제가 생기는 부분이 조금 아쉽기는 해요."

그러자 그녀도 나의 조언을 순수하게 받아들이며 마음을 열어주었다.

"제가 감정적으로 치달을 때에는 말려주세요."

그 후로 임원회 모임에서 그녀가 감정적으로 반응할 때마다 "지금, 감정적인 것 같아요."라고 말을 건넸고, 우리는 보다 바람직한 관계를 형성하게 되었다.

자녀가 학교를 졸업하면 대부분의 임원들은 인연이 끊어지지만, 그녀와 나는 지금도 친분을 유지하고 있다. 그녀는 정리를 잘하지 못하는 나를 위해 우리 집에 직접 찾아와 정리정돈을 도와주기도 한다. 만약 내가 그녀를 피곤한 사람으로만 생각해 멀리했다면 지금의 관계는 유지되지 않았을 것이다. 역시 사람은 겪어보지 않고는 알 수 없다.

대화의
기본은
공감이다

인간관계를 원활하게 해주고 신뢰를 쌓아주는 불변의 법칙
이 있다. 모든 대화를 나눌 때 상대방의 말에 호응하는 말인
'YES'로 시작하는 것이다.

우리는 상대방과 나의 의견이 맞지 않으면 '하지만' 또는
'아니, 그게 아니고'와 같은 말로 상대방의 말에 부정하는 메
시지를 전달한다. 하지만 누구나 자신의 말에 부정적인 메시
지를 받으면 자신에게 공감해주지 않는 사람 또는 자신을 이
해해주지 않는 사람이라고 상대방을 인식한다. 그리고 결국
마음의 문을 닫아버린다. 그렇게 한 번 닫힌 마음의 문을 열
기란 매우 어렵다.

무조건 상대방의 말에 동의해야 한다는 것이 아니다. 일단 'YES'로 반응하여 '상대방의 감정을 소중하게 받아들인다'는 것이 중요하다. 모든 대화의 시작은 상대방의 마음을 받아들이는 것부터 시작해야 한다.

영어회화 학원에서 일할 때, 불만사항이 들어오는 경우가 종종 있었다. 불편한 사람뿐만 아니라 정말 상대하고 싶지 않은 사람의 불만사항인 경우가 많았지만 나는 'YES의 법칙'을 적절하게 사용했다.

한번은 한 학생의 어머니가 아이의 영어 성적이 오르지 않는다면서 학원비를 환불해달라고 요구했다. 지금은 중도 해약을 할 수 있는 제도가 있지만, 당시에는 환불 기간에만 환불할 수 있었다. 더구나 1년 코스 중에서 반년이 지난 상황에서 학원비를 환불하는 것은 학원으로서도 매우 곤란한 일이었다. 따라서 나는 어떻게든 그 어머니를 납득시켜야 했다.

만약 그녀에게 별다른 설명 없이 죄송하다는 말만 반복하면서 학원비를 환불해드릴 수 없다고 전했다면 분명히 더 화를 냈을 것이다. 하지만 나는 일단 'YES'라고 대답하고 그 어머니의 마음을 받아들였다.

"그렇지요. 영어 실력이 크게 향상될 것이라는 기대를 가지고 수많은 학원들 중에서 우리 학원을 선택하셨는데 예상

'감정'과 '솔직함'

하셨던 만큼 자녀의 성적이 오르지 않는다면 당연히 실망이 크실 겁니다."

여기에서 중요한 것은 상대방의 감정을 소중하게 받아들이는 것. 상대방의 주장이 옳은지 그른지를 판단하는 것은 나중의 일이다. 그러고는 "전화가 아니라 일부러 학원까지 직접 찾아와주셔서 정말 감사드려요."(감사의 법칙)라고 덧붙였다.

아무리 심하게 화를 내던 사람도 고맙다는 말을 들으면 자신의 행동이 지나쳤는지 돌이켜보게 된다. 그 어머니도 역시나 화가 어느 정도 가라앉았는지 마음의 문을 열었다. 그때 나는 이렇게 말했다.

"어머니, 사실 영어를 습득하려면 꽤 많은 시간이 필요해요."

자신의 솔직한 생각은 상대방이 마음을 받아들인 이후에 전하면 된다. 아무리 솔직하게 말해도 사람은 일단 마음이 열리기 전에는 상대방의 말을 받아들이지 않는다.

공감은
팬을
만든다

학원을 찾아왔던 그 어머니와 30분 정도 이야기를 나누었을까. 그녀는 결국 내 말을 이해해주었다.

"알았어요. 이왕 시작했으니까 좀 더 다녀봐야겠지요. 어차피 여기까지 왔으니까 은행에서 돈 좀 찾아올게요. 학원비는 미리 지불하고 가는 게 편하겠지요."

그러고는 수십만 엔에 달하는 학원비를 지불하고 반년 코스를 연장하기로 결정했다. 심지어 주변 지인들에게 학원을 소개해 여러 학생들을 데려오기까지 했다. 이처럼 상대방의 감정을 소중하게 받아들이는 것은 사람들과의 대화에서 매우 중요하다.

회사 생활을 하다 보면 다양한 사람들의 불만사항을 듣게 되지만, 어떤 상황에서든 'YES'의 법칙을 사용할 수 있다. 예를 들어, 상품이 불량인 경우에 소비자의 마음속에는 상품에 대한 기대와 실망이 공존한다. 그리고 상품을 만든 회사에 그 마음을 그대로 전하기만 하는 것이 아니라 분노의 감정을 담아 불만사항을 이야기한다. 일단 소비자의 기대에 부응하지 못하고 실망을 드려 죄송하다는 진심을 담은 마음으로 상대방의 말을 YES로 받아들여야 한다. 불만사항을 이야기하는 고객이야말로 진정한 고객이다. 그리고 내가 만났던 영어학원의 어머니처럼 오히려 강력한 팬으로 바뀌는 경우도 있다.

4장。 KEY POINT

1— 객관적인 사실과 독선적인 추측을 구별해서 생각해야 한다.

2— 사랑은 부메랑과 같기 때문에 나부터 먼저 시작한다.

3— 대화는 일단 'YES'로 시작하고, 상대방의 감정을 받아들인다.

나를 불편하게 하는
상사 극복기

대기업 완구회사 기획직,
30대 여성

"아, 그녀는 오늘도 잔뜩 가시가 돋아 있겠지."

저는 불편한 여성 상사와의 관계 때문에 고민하고 있었습니다. 그녀와의 어색한 관계는 석 달 정도 이어졌습니다. 대기업 완구회사에 입사한 지 약 10년, 지금은 기획개발 부서에서 일하고 있습니다. 팀원은 모두 열네 명. 대략 4년 전부터 직속 부장으로 일하고 있는 상사는 감정의 변화가 심했습니다. 처음에도 관계가 좋은 것은 아니었지만, 결정적으로 제가 부서 이동을 요청하게 된 것이 계기가 되었습니다. 당시에 저는 한 부서에서 오랜 시간 일하는 것보다 다른 부서에서도 일을 경험해보고 싶다는 생각이 들었습니다. 아무래도 그것이 부장의 심기를 불편하게 만든 것 같습니다.

같은 사무실에서도 내선전화를 걸어 일의 진행 상황을 보고하라면서 주의를 주기도 하고, 조용히 내 옆으로 다가와 일하는 모습을 지켜보기도 하고, 내가 팀원과 이야기를 나누고 있으면 기분 나쁘게 바라보기도 했습니다.

그런 행동들 때문에 부장이 나를 싫어한다는 것을 알게 되었고 저도 말을 걸기가 불편해서 거리를 두게 된 것입니다. 게다가 부장이 그런 나의 태도를 느끼고는 '기분 나쁜 부하 직원'으로 여기는 듯해 우리의 관계는 점점 더 어색해지는 악순환에 빠져 있었습니다.

어떻게든 이 불편한 상황을 개선하고 싶다는 고민에 빠져 있을 때 지인을 통해서 세미나에 참가하게 되었습니다. 참고로 저는 두 아이를 키우는 워킹맘입니다. 처음에는 일하는 엄마로서 흥미를 느껴 참가했지만 강의를 들으면서 부장과의 인간관계를 개선할 수 있지 않을까 하는 생각이 들었습니다.

그중에서도 저에게 많은 도움이 된 것은 '사랑은 부메랑'이라는 말이었습니다. 애정은 자신이 먼저 주는 것. 자신의 이해득실은 제쳐두고 먼저 관심과 사랑을 주면 그것은 반드시 돌아온다는 것이었습니다. 이 말에 힘입어 제가 먼저 부장에게 다가가 솔직해지자고 결심했습니다.

| 품 안으로 들어오는 부하 직원을 거부하는 상사는 없다

불편한 사람에게 다가가려면 상당한 용기가 필요합니다. 회사를 다니고 있는 이상, 상사와의 관계를 단절하는 것은 어려운 일이겠지요. 부장에게 먼저 말을 걸 기회를 기다리고 있던 어느 날, 마침 부장이 혼자 있는 것을 발견했습니다. 저는 부장에게 다가가 말을 걸었습니다.

"부장님, 잠깐 이야기 좀 하고 싶은데요."

부장은 잠시 경계하는 표정을 비쳤습니다. 몇 개월 만에 제가 갑자기 다가가 말을 건넸으니 놀라는 것도 무리가 아니겠지요.

"요즘 여유 있게 이야기를 나눌 기회가 없어서요. 잠깐 시간 좀 내주실 수 있을까요?"

부장의 굳은 표정에도 기죽지 않고 말을 건넸습니다. 부장은 여장부의 기질을 갖고 있어서 아랫사람이 부탁하는 것을 좋아하는 편입니다. 오랜 시간 함께 일하면서 그녀의 방식을 이미 알고 있었기에 저는 부하 직원으로서의 입장을 드러내려고 신경을 썼습니다. 지금까지의 저의 태도에 대해 사과하고 일에서 부족한 점이 많았다는 것, 팀에 도움이 될 만한 실적을 낼 수 없었던 것 등을 인정하면서 솔직하게 마음을 털어놓았습니다.

그러자 처음에는 불편해하고 어색해하던 부장의 표정이 점차 부드러워졌습니다. 잡담과 함께 30분 정도 대화를 나누었을까요. 그렇게 부장과 단둘이 진지한 대화를 나눈 것이 정말 오랜만이라는 것을 느꼈습니다. 게다가 부장은 마지막에 저를 위해 함께 힘내보자는 말도 건넸습니다. 아무리 성격이 맞지 않는다고 해도 스스로 품 안으로 뛰어들어온 부하 직원을 거부하는 상사는 없다는 사실에 마음을 놓을 수 있었습니다.

그 이후, 부장과의 불편한 관계는 개선되었고 일도 편해졌습니다. 부장은 더 이상 이런저런 쓸데없는 지적을 하지 않았고, 저도 적극적으로 말을 걸 수 있게 되었습니다. 역시 사랑은 부메랑과 같습니다. 인간관계를 좋게, 또는 나쁘게 만드는 것은 자신의 행동에 달려 있다는 사실을 실감할 수 있었습니다.

5장

싸우는 게
즐거운 사람은 없다

인간은 느끼고 반응하는 동물로, 늘 감정에 휘둘리며 살아가고 있다. 자신의 내부에서 발생하는 감정뿐만 아니라 타인의 감정에도 휘둘린다. 사람마다 감정의 방식이 존재하고 이러한 방식을 깨달으면 자신의 감정에 적절하게 동조해 행동할 수 있게 된다. 또 각자의 감정 방식을 이해하면 상대방에게 영향을 받지 않는 선택을 할 수 있다. 특히 우리의 행동을 크게 좌우하는 분노와 실패의 감정을 다루는 법을 터득하고 있다면 더 나은 선택을 할 수 있다. 지금부터 '분노의 감정'과 '실패했을 때의 감정'에 휘둘리지 않는 법을 살펴보도록 한다.

진짜
분노유발자는
누구인가

우선 '분노'라는 감정에 대해 이야기해보자. 분노는 매우 거대한 에너지이므로 분노를 표현한 쪽도 분노의 대상이 되는 쪽도 모두 피폐해진다. 누군가는 분노의 감정이 평소 감정의 네 배에 달하는 에너지를 사용한다고도 말한다. 하지만 분노도 우리에게 매우 중요한 감정 중 하나다. 분노로 인해 세상이 바뀌는 경우도 있으니 나쁘게만 바라보지 말고 적절하게 대응할 필요가 있다.

앞의 만화에서도 보았지만 언젠가 우리 가족이 함께 외출했다가 집에 돌아왔을 때 남편이 거실에 널려 있는 세탁물을 보면서 별안간 건조 방법이 마음에 들지 않는다면서 불평하기 시작했다. 늘 그렇듯 세탁물은 아침과 다를 게 없었고, 남편도 아침에 보았을 때에는 아무 말도 하지 않았다. 그렇다. 남편은 출근 전에는 '분노하지 않는다'고 선택했지만, 퇴근 후에는 '분노한다'를 선택한 것이다. 세탁물을 건조하는 방법이 그를 화나게 만든 것이 아니다. 또 세탁물을 널어놓은 내가 그를 화나게 한 것도 아니다. 그렇다면 누가 남편을 화나게 만든 것일까.

사실, 진짜 분노의 원인은 상대방에도, 환경에도 있지 않다. 분노는 스스로 결정한다는 것을 반드시 기억해두자. 즉, 같은 상황에서도 화를 낼 수도 있고, 내지 않을 수도 있다. 또 화가 나더라도 그것을 표현하는 사람이 있고, 참는 사람이 있다. 상대방이 화를 내는 것은 당신이 상대방을 화나게 만든 것이 아니라 상대방이 당신의 언행에 '독선적'으로 반응하여 화를 내고 있는 것이다. 단순히 기분이 나빠서 화풀이를 할 때도 있다.

화를 내는 것은 상대방의 문제다. 이것을 구별할 수 있다면 주변으로부터 부정적인 영향을 받지 않는다. 따라서 상대방의 언행에 어떻게 반응해야 할 것인지 선택하는 법을 알아둘 필요가 있다.

"마음에 들지 않으면 직접 널면 되잖아요!"

남편이 화를 낸다고 해서 자신도 똑같이 화를 낼 수 있지만, 그순간 나는 다행스럽게도 마음에 여유가 있었기 때문에 다르게 반응했다.

"그래요? 세탁물을 건조하는 방법이 마음에 들지 않는다고요? (잠깐 멈춘 후) 아침에는 이것저것 바빠서 정신이 없었어요. 다음에는 세탁물을 널 때 당신이 좀 도와주면 좋겠어요.(전달한다)"

이렇게 상대방의 분노와 구별을 하게 되면 자신의 반응을 바꿀 수도 있다.

기대와
분노의
얄팍한 차이

분노의 감정에 지배당한 사람이 분노를 잊어버리기는 매우 어려운 일이다. 하지만 감정의 구조를 알아두면 쓸데없는 분노를 줄일 수 있고 기분을 전환할 수 있다. 물론 이로 인해 자신의 기분도 크게 바뀐다.

먼저 감정의 구조에 대해 살펴보자. 심리학계에서는 분노를 '2차 감정'이라고 부른다. 즉, 갑자기 나타나는 감정이 아니라 그 이면에는 진심이라 불리는 '1차 감정'이 반드시 숨겨져 있는 것이다. 분노의 이면에 존재하는 1차 감정은 기대, 걱정, 슬픔이다(좀 더 자세하게 분류할 수 있지만, 우리가 생활하면서 만나는 대표적인 감정으로 정리해서 생각해보도록 한다). 기대는 상대방이 앞으로 할 행동에 대해 "이 정도는 할 수 있겠지." 하는 마음, 슬픔은 상대방이 생각보다 뒤처질 때 "아, 또 처음부터 가르쳐줘야 하는 거야?" 하는 마음, 걱정은 약속 시간에 늦는 상대를 생각하며 "무슨 일이 있는 게 아닐까?" 하는 마음 정도로 이해하면 쉽다.

1차 감정과 2차 감정

분노의 이면에는 이런 감정들이 숨겨져 있다. 그러므로 분노의 감정을 억제하는 것이 아니라 그 이면에서 끓어오른 감정을 주의 깊게 다루어야 한다.

누군가에게 화가 나거나 초조해질 때에는 "아, 나는 저 사람에게 너무 많은 기대를 하고 있는 거야.", "나는 필요한 사람이 아니라는 느낌 때문에 슬픔을 느끼고 있는 거야." 하는 식으로 가슴속에 숨겨진 진심을 깨달아야 한다. 그리고 그 감정을 있는 그대로 인정해야 한다. 그것을 할 수 있게 되면 상대방에게 화를 내는 대신, 진심을 적절하게 전할 수 있다.

감정의
그림자에
숨지 않기

내가 고등학교 2학년 때의 일이다. 당시에 나는 다른 고등학교에 다니고 있는 친구와 교환일기를 쓰고 있었다. 어느 날, 저녁 9시에 나는 친구를 만나 일기를 교환하기로 약속했다. 우리 가족은 늘 일찍 잠을 자기 때문에 내가 외출을 할 시간이면 이미 모든 등이 꺼지고 쥐 죽은 듯한 정적이 집을 감싸고 있었다.

나는 조용히 집을 빠져나와 친구를 만난 뒤에 일기를 교환하고 다시 집으로 돌아왔다. 불과 15~20분 정도의 시간이 흘렀을까. 집에 도착해보니 내가 집을 나설 때와는 달리 현관의 불이 밝게 켜져 있었다. 어머니가 일어나신 것 같았다.

게다가 늦은 시간에 외출을 했으니 틀림없이 화를 낼 것이라고 생각됐다.

나는 야단을 맞을 각오를 하고 몰래 현관문을 열었다. 내가 문을 열면 무서운 눈으로 나를 바라보며 날카롭게 쏘아붙이는 어머니의 분노의 목소리가 날아올 것이 뻔했다. 하지만 어머니의 목소리는 내 예상과는 달랐다.

"그래. 일찍 돌아왔으니 됐다."

어머니는 화를 내지 않았다. 그 대신 딸을 걱정하고 있다는 마음을 전해주었다. 어머니의 마음이 전해지면서 나는 진심으로 잘못했다고 반성하고 솔직하게 사과할 수 있었다.

물론 당시의 나는 사춘기를 겪고 있었다. 만약 그때, 어머니가 화를 냈다면 틀림없이 별것도 아닌 일로 왜 그렇게 난리를 치냐면서 대들었을 것이다. 하지만 어머니는 분노하기보다는 딸을 걱정하는 진심으로 나를 대해주셨던 것이다.

분노는 받아들이기 어렵고 반발을 일으키는 데 반해 진심을 전하면 상대방을 소중하게 생각하고 있다는 마음이 전달된다. 이 또한 상대방의 존재를 인정하는 또 다른 방식인 셈이다. 이렇게 안도감은 사람을 움직이는 힘이 있다.

나의 분노에
상처받는
사람들

사람은 누구나 가까운 상대방일수록 분노의 감정을 쉽게 느낀다. 지금부터 머릿속으로 자신의 방에서 벌어질 장면을 떠올려보기 바란다. 방에는 커다란 카펫이 깔려 있다. 집에 있는 세탁기로 세탁하기에는 크기가 너무 큰 사이즈다. 한동안 세탁을 하지 않았는데 오늘은 유난히 날씨가 좋아서 카펫을 세탁하기로 했다.

집에서 15분 정도 떨어진 빨래방으로 카펫을 가져가 깨끗하게 세탁을 마치고 돌아왔다. 깨끗해진 카펫을 방에 다시 깔고 상쾌한 기분으로 방에서 쉬고 있는데, 오전에 외출했던 남동생이 방으로 들어왔다. 남동생은 카펫 위에 앉아 주스를 마시기 시작했다. 그런데 순간, 컵을 놓치는 바람에 카펫 위에 주스를 엎질렀다. 자, 이럴 때 당신은 어떻게 반응할 것인가.

"이게 뭐야! 깨끗하게 세탁해 온 건데!"

아마도 대부분의 사람들은 가족의 실수에 이렇게 화를 낼 것이다. 그렇다면 당신의 방에 들어와 똑같은 실수를 한 사람이 당신이 존경하는 유명인사라면 어떻게 할 것인가.

"아, 괜찮아요. 옷은 괜찮나요? 얼룩이 지지 않았나요?"

약간의 과장을 하자면, 이렇게 상대방을 이해하고 배려하는 말까지 건네지 않을까?

'카펫 위에 주스를 엎질렀다'는 사실은 똑같지만, 오랜 시간을 함께 지낸 사람에게는 쉽게 화를 내는 모습이 낯설지 않을 것이다. 나는 이러한 경우에 대해 '분노의 끓는점'이 낮은 상황이라고 표현한다. 분노가 폭발하는 기준은 가족이나 친구처럼 가까운 존재일수록 낮고, 먼 존재일수록 높다. 회사에서도 마찬가지다. 직속 상사, 동료, 후배처럼 가까운 사람일수록 분노를 드러내기 쉽다. 자신과 가까운 사람일수록 '기대'가 크기 때문이다.

이러한 분노의 감정을 단숨에 사라지게 하는 방법은 없다. 하지만 지금까지 설명한 분노의 원리를 이해하면 조금씩 줄일 수 있다. 자신의 분노의 이면에 존재하는 감정을 인정하고 분노를 '내던지는' 것이 아니라 그 기분을 '전달할' 수 있도록 의식하자.

분노
다스리기
연습

상대방의 감정이나 행동은 바꿀 수 없기 때문에 분노의 감정을 바꾸려면 자신을 바꿔야 한다. 결코 분노를 억제하고 무조건 참으라는 말이 아니다. 자신의 감정은 항상 소중하게 다뤄야 한다. 그 대신 분노의 반응이 일어나기 어려운 상태를 만들어두는 연습이 필요하다. 즉, 자신을 항상 '기분 좋은 상태'로 만들어두는 것이 스스로 할 수 있는 최선의 방법이다.

그렇게 하면 마음에 여유가 생겨 끓는점이 낮아지기 어려워지고 화가 나는 상황이 발생하더라도 즉시 기분 좋은 상태로 되돌아올 수 있다. 상대방을 배려하는 마음도 커진다. 그러려면 먼저 자신의 심리 상태를 잘 알아두어야 한다. 우리는 인간이기 때문에 기분이 좋은 날도 있고 나쁜 날도 있다. 하지만 다른 사람이 당신의 기분을 좋게 만들어주기는 어렵다.

나는 우울할 때, 기분이 나쁜 흐름을 멈추고 싶을 때, 기분을 좋게 만드는 마음속 '스위치'를 몇 개 가지고 있다. 예를 들면, 네일아트를 받으러 가거나 아름답고 향기로운 꽃을 사거나 하는 식으로 기분을 전환하는 것이다. 여러분도 '이것을 하면 기분이 좋아질 수 있다'고 생각하는 것들을 떠올려보라. 좋아하는 음악 듣기, 좋아하는 책 읽기, 맛있는 커피 마시기처럼 기분을 좋게 만들어주는 자신만의 방법들이 있을 것이다. 그런 마음속 스위치를 몇 개 가지고 있으면 우울한 기분을 즉시 좋은 기분으로 되돌릴 수 있다.

분노나 불쾌감은 인간관계를 방해하는 것들이다. 분노나 불쾌감에 매몰되면 쉽게 실수를 하게 되고 부정적인 소용돌이에 빠지기 쉽다. 자신의 기분을 소중하게 인정하고 우울할 때에는 즉시 기분 좋은 상태로 되돌릴 수 있도록 노력하자. 일뿐만 아니라 삶 자체를 바꿀 수 있는 강력한 힘을 갖게 될 것이다.

실패에서
부활하는
3가지 방법

누구나 실패를 한다. 메이저리그 선수조차 경기가 뜻대로 풀리지 않는 날이 있듯 아무리 능력이 뛰어난 사람이라고 해도 실패하는 경우는 얼마든지 있다. 하지만 실패를 경험하면 누구나 자신의 무능함을 탓하며 우울한 기분에 빠지기 쉽다. 지금부터 그런 부정적인 감정에서 부활하는 방법을 찾아보기로 한다.

있는 그대로 인정하기

큰 실패를 경험했을 때, "왜 그런 식으로 처리했을까?" 하고 낙담한 나머지 머릿속으로 끊임없이 반성한 적이 있을 것이다. 또 과거를 떠올리며 후회하고 원인을 찾기도 했을 것이다. 물론 반성은 중요하다. 하지만 지나간 일은 돌이킬 수 없다.

우선, 실패 후 우울감에 빠져 있는 나의 모습, 일을 제대로 처리하지 못해서 한심한 나의 모습을 있는 그대로 인정해야 한다. 이렇게 자신의 감정을 있는 그대로 받아들이는 것이 필요하다. 부정적인 감정일수록 솔직하게 인정하는 것이다.

감정에는 좋은 것도, 나쁜 것도 없다. 우울한 감정이 반드시 나쁜 것도 아니다. 단지 의욕이 없어진 것뿐이다. 그런 감정을 있는 그대로 인정해야 한다.

실패에 대해 '왜?'라고 묻지 않기

자기 자신은 물론 다른 사람에게도 실패했을 때 '왜?'라고 원망한 적이 있지 않은가. 일이 마음대로 진행되지 않았을 때 '왜?'라고 묻는 것은 불필요한 일이다.

일부러 실패하는 사람은 없다. 어쩔 수 없이 실패한 문제에 대해 '왜?'라고 원망해도 대부분 이유를 찾을 수 없다. 그렇게 상대방을 원망해봐야 그 사람은 사고가 정지된 상태에 빠져 결국 변명밖에 늘어놓지 않는다.

과거로 눈을 돌려 '왜?'라고 원망할 것이 아니라 "어떻게 하면 다음에는 실패하지 않을까?", "어떻게 해야 가능해질까?" 하고 미래를 생각하며 '어떻게?'라고 반응하는 것이 더욱 발전적인 질문법이다.

인생은 실패에서 배우는 것이다

마지막으로 눈앞에 벌어진 문제를 받아들이는 마음가짐이 중요하다. 결과는 하나지만, 결과를 받아들이는 방법은 플러스와 마이너스 두 가지가 있다.

예를 들어, 자신에게 매우 중요한 순간에 실수를 했다고 생각해보자. "아, 나는 정말 한심한 인간이야."라고 생각하며 우울감에 빠질 수도 있고 "그래. 현재의 내 능력으로는 어쩔 수 없어. 다음에는 잘할 수 있도록 노력하자."라고 생각할 수도 있다. 눈앞에 벌어진 결과는 하나다. 그리고 그 결과는 바꿀 수 없다. 하지만 그것을 받아들이는 마음가짐에 따라 미래는 바뀔 수 있다.

토머스 에디슨은 커다란 성공을 거두었지만, 더 많은 실패를 경험한 것으로도 유명하다. 어느 날, 실험에 실패하고 한숨을 내쉬고 있는 조수를 향해 에디슨은 이렇게 말했다.

"그건 실패가 아냐. 그 방법으로는 올바른 결과를 얻을 수 없다는 사실을 알게 된 성공이지."

에디슨의 이야기들은 지금까지도 회자되며 '실패에서 배운다'는 교훈을 깨닫게 해주고 있다. 이처럼 실패를 발판으로 삼아 자신의 성장과 연결시킬 수 있는지, 우울감에 빠져 능력을 제대로 발휘하지도 못한 채 끝낼 것인지의 여부는 실패를 받아들이는 방식의 차이에 따라 달라진다.

또 무난한 일만 하거나 무난한 방법으로 대처하는 식으로 살면 눈앞의 실패는 피하겠지만, 성공 역시 보장할 수 없다. 즉, 실패했다는 것은 도전했다는 말과 다르지 않다. 최선을 다해 도전한 자신에게 박수를 보내고 성공을 위해 끊임없이 노력하도록 하자.

5장。 KEY POINT

1— 분노의 이면에는 '기대', '걱정', '슬픔'의 마음이 숨겨져 있다.

2— 항상 기분 좋은 상태를 유지하도록 노력한다.

3— 실패에 대해 '왜?'라고 묻는 것은 불필요하다. 헛된 시간을 버리지 말고 다음의 방법을 생각한다.

1년 만에 조직을 바꾼
커뮤니케이션 혁명

패밀리레스토랑 점장,
30대 남성

패밀리레스토랑에서 일한 지 약 20년. 지금은 부하 직원들과의 커뮤니케이션 때문에 고민하는 일이 거의 없지만 처음 점장이 되었을 때에는 점포가 제대로 운영되지 않았습니다.

제 점포에는 열 명 남짓한 직원들이 근무하고 있었습니다. 저 자신은 열심히 노력하고 있다고 생각했습니다. 하지만 이직률이 높은 편이어서 신입 직원들에게 교육을 시켜도 얼마 지나지 않아 그만두는 상황이 계속되었습니다. 그래서 새로운 직원을 채용해 처음부터 교육시키기를 반복했습니다.

이를 지켜보던 아내가 워킹맘들을 대상으로 하는 강의가 도움될 것 같다며 히로미 씨의 세미나를 권했습니다. 저는 지푸라기라도 붙잡는 심정으로 강의를 들었습니다 .

저는 처음부터 '비즈니스'의 관점으로 세미나를 들었습니다. 그리고 그동안 제가 얼마나 독선적으로 행동했는지를 깨달았습니다. 점포가 제대로 운영되지 않는 이유는 직원들과의 커뮤니케이션이 원만하게 이루어지지 않았기 때문이었습니다. 제 방식이 옳다고 믿고 있었던 저는 큰 충격을 받았죠. 그때부터 저만의 '커뮤니케이션 혁명'이 시작되었습니다.

| 최우수 점포를 만든 3가지 방법

세미나를 수강한 후 저는 마음속으로 세 가지를 실천하기로 마음먹었습니다.

1. 직원들에게 '왜?'라고 추궁하지 않는다.
2. 상대방의 이야기에 일단 'YES'라고 반응한다.
3. 상대방에게 고마운 마음을 전한다.

우선 그동안 저는 무슨 일이 있을 때마다 직원들에게 '왜?'라고 물으며 추궁했습니다. 만약 직원들이 제가 가르친 대로 하지 않으면 "왜 제대로 못하는 거야?"라고 따져 물었고, 또 일을 순서대로 처리하지 못하면 "왜 그런 방식으로 일을 하는 거야?"라고 추궁했습니다.

저는 제 가게의 책임자이고, 가장 일을 잘한다고 생각했습니다. 직원들은 당연히 제가 시키는 대로 일을 했습니다. 그러다 보니 자연스럽게 저의 언행에는 오만함이 깃들어 있었던 것입니다.

그런데 강의를 듣고서 그동안의 일들을 냉정하게 돌이켜 보게 되었습니다. 제가 직원들에게 '왜?'라고 추궁할 때, 직원들은 제가 기대하는 대답을 하지 않았습니다. 직원들은 제가 '왜?'라고 추궁할 때마다 특별한 이유나 설명 없이 그저 변명만 늘어놓을 뿐이었습니다. 당연히 직원들의 입장에서는 일이 즐거울 리 없고, 능력도 나아질 리 없었던 것입니다.

이런 깨달음을 얻은 후부터는 직원들이 잘못을 했을 때 '왜?'라고 묻지 않고 '어떻게 하면 다음에는 잘할 수 있을까?' 하고 앞으로의 일과 연결되는 질문을 할 수 있도록 신경 썼습니다. 그러자 직원들도 스스로 생각하거나 조사하고, 모르는 것을 먼저 물어보기 시작했습니다. 조리 방법을 익히고 실력이 성장하는 속도도 한층 더 빨라졌습니다.

두 번째로 실천한 것은 상대방의 의견이나 행동에 'YES'

라고 긍정적인 대답을 던지는 것이었습니다. 저는 주로 제 의견을 일방적으로 강요하는 편이었는데, 직원들의 의견이나 행동을 일단 받아들이고 좀 더 발전된 방향을 위한 의견을 나누기로 한 것입니다.

예를 들면, 한 달에 한 번씩 지역 책임자가 각 점포를 방문해 청소 상태를 점검하는 평가 업무가 있었습니다. 우리 점포는 늘 100점 만점 중에서 60~70점 정도를 받는 편이었습니다. 직원들 모두 별다른 생각 없이 그저 시키는 대로 청소를 하는 상황이었으니 당연한 결과였습니다.

그런데 강의를 듣고 난 후부터는 직원들의 고생을 인정하는 것과 함께 개선 사항을 전달하기로 했습니다. 청소를 마친 직원들에게 "깨끗하게 청소하느라 고생했어. 고마워."라고 직원들의 행동을 인정하고서 "여기만 좀 더 신경을 쓰면 다음에는 완벽할 것 같아."라는 식으로 부족한 부분을 전달한 것입니다.

이런 행동이 반복되자 직원들 스스로 청소를 하기 시작했습니다. 그리고 직원들의 사기도 올라가 청소를 비롯해 모든 부분에서 활기가 넘치는 선순환을 이끌어낼 수 있었습니다. 그 결과, 우리 점포는 청소 상태 점수를 늘 90점 이상으로 받는 점포로 바뀌었습니다. 물론 실제로 깨끗한 상태를 유지하게 되었습니다.

그러자 우리 점포가 '청결 우수 점포'로 뽑혀 전국의 지역 책임자를 비롯해 간부급 임원들이 우리 점포에 견학을 오기도 했습니다. 우리 점포가 우수 점포가 될 것이라고 상상도 못했습니다. 함께 점포를 이끌어온 직원들도 모두 기뻐했던 순간을 잊을 수가 없습니다.

세 번째로는 직원들에게 고마운 마음을 전한 것이었습니다. 저는 평소 마음속으로는 고마움을 느껴도 좀처럼 표현을 하지 못하는 성격이었습니다. 하지만 업무를 마칠 때마다 반드시 직원들 한 사람 한 사람을 상대로 "○○ 씨, 고마워. 고생했어."라는 식으로 말을 건넸습니다. 청소를 할 때에도 "○○ 씨, 전보다 훨씬 더 깨끗해졌네. 고마워."라고 말해주었습니다. 우리 점포가 깨끗해진 것도 감사의 법칙의 효과가 컸다고 생각합니다. 자신의 노력을 인정해주는 사람이 있거나 누군가에게 감사를 받는다는 것은 커다란 기쁨이 된다는 사실을 새삼 깨달을 수 있었습니다.

저는 대략 1년에 걸쳐 3가지 커뮤니케이션 혁명을 실행했습니다. 정말 사소한 것들을 바꾸는 것이지만, 지속적으로 실행하려면 항상 강한 의지가 필요합니다. 그러고 나서 무의식 중에서도 실행할 수 있게 될 즈음, 저는 물론이고 주변 사람들도 크게 바뀐 것을 느낄 수 있었습니다.

직원들과 저의 관계뿐 아니라 직원들끼리의 관계도 좋아졌고 나아가 점포의 분위기도 매우 밝아졌습니다. 늘 고민이라고 생각했던 높은 이직률도 지금은 현저히 내려가 그만두는 직원을 찾기 힘듭니다. 이렇게 근무 상태가 안정되자 저도 마음 놓고 휴가를 낼 수 있을 정도가 되었습니다. 그리고 또 한 가지, 본사로부터 점포를 혁신적으로 바꾼 점장이라는 평가를 받아 사내에서 한두 명만 참가할 수 있는 미국 연수 프로그램에 선발되어 더 많은 공부를 할 수 있는 기회를 얻었습니다.

솔직히 커뮤니케이션 혁명을 시작한 초기에는 이렇게까지 달라질 것이라고 상상하지 못했습니다. 이러한 변화에 가장 놀라움을 느낀 사람은 바로 저 자신입니다.

제가 실천한 3가지 커뮤니케이션은 모두 상대방에 대한

'존재 인정'에서 출발하는 것이었습니다. 그것만으로도 사람과 사람의 관계가 개선될 수 있습니다. 그리고 제가 성공을 거둘 수 있었던 요인은 바로 묵묵히, 꾸준하게 노력했다는 것입니다. 꾸준함이 곧 힘이 된다는 말의 의미를 다시금 생각하게 됩니다.

6장

내게 숨겨진 재능을
발견하는 여정

어린 시절의 꿈을 기억하고 있는가. 나는 멋진 가수가 되고 싶다는 꿈을 갖고 있었다. 하지만 성인이 되어 막상 취직을 하게 되자 꿈을 이루기는커녕 꿈과는 전혀 다른 장소에 놓이게 되었다. 나뿐만 아니라 많은 사람들이 꿈에서 멀어진 현재의 자기 자신을 견디지 못하고 자신은 물론 다른 사람들과 주변 환경에 늘 부딪히며 살아가기도 한다.

하지만 누구나 '이런 사람이 되고 싶다'고 그렸던 꿈을 향해 매진할 수 있는 것은 아니다. 꿈과 현실에는 차이가 있다. 그럴 때 필요한 것이 바로 자신이 나아가야 할 방향성을 잃지 않기 위한 준비다. 우리는 하루 중 대부분의 시간을 일하면서 보낸다. 그리고 우리는 여든 살까지 일하게 될 가능성이 매우 높은 시대에 살고 있다. 앞으로 남은 시간 동안 "이런 모습으로 살고 싶지 않았어."라고 후회하며 살아가지 않도록 우리는 어떤 준비를 해야 할까.

워킹맘 코칭에서 비즈니스 코칭까지

지금껏 하고 있는 일이 즐겁지 않다거나 생각했던 일과는 전혀 다르다고 생각하는 사람도 있을 것이다. 13년 전의 나도 마찬가지였다. 지금부터는 내 이야기를 시작하고자 한다. 앞서 만화에서도 봤듯이, 지금은 '워킹맘 세계의 카리스마 코치'라고 불리고 있지만 사실 내가 진심으로 꿈꾸고 있는 것은 비즈니스 코치다. 워킹맘들을 대상으로 하는 세미나 강사로 이름을 날리게 될 줄은 꿈에도 생각하지 못했던 것이 사실이다.

20대 시절, 대기업 영어학원에 6년째 근무하면서 마지막 해에 나는 우연히 초청 외부 강사를 만나고서 직감적으로 세미나 강사가 되고 싶다고 생각했다. 어린 시절의 꿈이었던 가수와는 다르지만, 다른 사람 앞에 서서 주목을 받으며 많은 영향을 끼친다는 것이 근본적으로 닮았기 때문에 전향을 할 수 있었던 것이라고 생각한다.

당시의 나는 '코칭'에 대해 아무런 지식이 없었지만, 영어 학원에서 실행하던 커뮤니케이션 기술이 코칭의 기술과 닮았다는 점과 나 스스로 그런 기술을 무의식적으로 실행하면서 인간관계를 원만하게 유지할 수 있었던 점을 깨닫자 본격적으로 코칭의 세계에 흥미를 느끼기 시작했다.

물론 처음부터 승승장구했던 것은 아니다. 비즈니스 코칭을 배우고 본격적으로 뛰어들려고 할 무렵 나는 임신을 하게 되었다. 역시 모든 일은 계산대로 진행되지는 않는다. 출산을 하고서 이전만큼 자유롭게 활동할 수 없게 되자 워킹맘들과 많은 대화를 나누고 싶다는 생각이 들었다. 가까운 엄마들을 시작으로 육아 모임을 만들고 지역의 평생학습 운영위원으로 활동하는 등 내가 할 수 있는 범위에서부터 사람들을 만나려고 노력했다.

다행히 그 시기에 평생학습의 일환으로서 비즈니스 코치를 초대해 세미나를 주최할 기회가 있었다. 강의에 대한 반응은 뜨거웠고, 내용도 충실한 세미나가 되었지만, 무엇보다 중요한 것은 세미나에서 활기 넘치게 강연하는 여성 강사의 모습을 보며 내 마음속에서 다시금 코칭에 대한 감각이 끓어오르는 것을 느낄 수 있었다.

어떤 방식으로든 그런 감각과 의욕을 결과로 만들어내고 싶었다. 그렇게 나의 세미나를 개최하게 되었다. 우선, 비즈니스맨들과 네트워크가 전무했으므로, 가까운 워킹맘들을 대상으로 코칭 세미나를 열기로 한 것이다.

지금, 여기,
내가 할 수 있는
최선의 일

나의 첫 세미나는 집 근처 낡은 시민회관에서 1회 수강에 350엔이라는 저렴한 가격을 받고 시작했다. 지금 생각해보면 단순히 말로만 진행하고 특별한 소재도 없는 그저 그런 세미나였다. 작은 시민회관에서 소소하게 활동하고 있는 나와는 달리, 비즈니스 코치로 활동하고 있는 사람들은 보다 큰 무대에서 수많은 직장인들을 상대로 강연을 했다. 점차 활동의 폭을 넓혀가는 사람들을 보면서 초조함과 함께 질투를 느끼기까지 했다. 하지만 그때 한 친구가 내게 해주었던 충고를 지금도 잊을 수 없다.

"갑자기 비즈니스 코치를 꿈꾸는 것보다 우선 워킹맘 세계에서 최고가 되는 것은 어때? 그러면 길이 열릴 거야."

그 친구의 말이 맞았다. 직장인과 워킹맘. 세미나의 대상은 달라도 '다른 사람 앞에서 누군가에게 영향을 끼칠 수 있는' 일을 한다는 점에서는 크게 다르지 않다고 생각됐다. 그리고 내가 즐거움을 느낄 수 있는 요소들을 갖춘 일을 하는 것이기도 하니, 이왕 할 바에는 나답게, 나만의 강의를 만들자는 생각에 다다랐다.

그때부터 많은 노력을 했고 지금처럼 '유머'나 '감동'의 요소를 더한 나만의 세미나를 할 수 있게 되었다. 그러자 내 세미나에 대한 입소문이 퍼져나가기 시작하면서 현재는 워킹맘들로부터 수많은 강의 요청을 받기도 하고, 심지어 남편의 회사에서도 강의 요청을 받게 되었다. 드디어 내가 좋아하고 바라던 비즈니스를 위한 커뮤니케이션 코치라는 목표를 이루게 된 것이다.

미슐랭
스타 요리사도
시작은 미미하다

'워킹맘 세계에서 최고가 된다'는 생각을 가지고 시작했던 나의 세미나는 점점 더 나만의 색깔을 가진 세미나로 발전해갔다. 나만의 방식을 확립하게 되자, 그 대상이 워킹맘이건 직장인이건 중요하지 않았다. 하나의 무대에서 괄목할 만한 실적을 올렸다는 것이 무엇보다 가장 큰 장점으로 작용했다.

즉, 나의 진정한 꿈과는 다르다고 생각하면서 시작했던 워킹맘 코치의 길이 나의 꿈과 가장 가까운 지름길이었다는 결론에 다다랐다. 바꾸어 말하면 처음부터 직장인들을 상대로 하는 강의를 목표로 했다면, 내가 잘할 수 있는 강의의 방식을 찾지 못했을 것이고, 지금까지 쌓은 강의 경력도 장담

할 수 없을 것이다.

인생을 돌이켜봤을 때, 좋았던 일은 60퍼센트, 특별한 감흥이나 생각이 들지 않는 일이 30퍼센트, 암흑기라고 생각되는 일이 10퍼센트라고 한다. 어쩌면 워킹맘 코치를 시작했을 때, 나는 당시를 암흑기인 10퍼센트에 해당하는 시기라고 생각했을지도 모른다. 하지만 11년이 지난 지금은 그 당시를 좋았던 일 60퍼센트에 자랑스럽게 포함시킬 수 있다. 즉, 지금 자신에게 마이너스가 되는 것이 미래에도 계속 마이너스가 되는 것은 아니다. 나처럼 플러스가 될 수도 있다.

영어학원에서 일할 당시에 나는 비서로도 일한 적이 있다. 사람들 앞에 서는 것을 좋아하던 내게 있어서 단 한 사람을 지원하는 일은 매우 견디기 어려운 일이었다. 하지만 전국에 지점을 가지고 있는 영어학원에서 창업자이자 회장인 사람의 일을 바로 옆에서 지켜본 경험이 내게는 귀중한 재산이 되었다. 그에게 배울 점도 많았다. 하기 싫은 일에도 어느 정도 플러스 요소가 포함되어 있었던 것이다.

미슐랭 스타 요리사에게도 감자 껍질만 벗기고 설거지만 하던 시절이 있었을 것이다. 하지만 누구보다 감자 껍질을 잘 까는 기술을 익히거나 누구보다 깨끗하게 접시를 닦겠다는 목표를 스스로 발견하는 사람만이 그것을 달성하고 나아가 세계 최고의 요리사로 성장해간다. 지금은 비록 보잘것 없어 보이는 일이라도 자기 나름대로 과제나 목표를 정하고 수련하면 '암흑기' 같은 10퍼센트의 일도 어느 틈엔가 '좋았던 일' 60퍼센트의 일로 바뀌는 것이 인생이라고 생각한다.

틀림없이 여러분의 인생에도 지금의 자신을 만든 일들이 있을 것이다. 비록 당시에는 힘들기만 하고 빨리 벗어나고 싶었던 경험일지라도 그런 일들이 모여 지금의 여러분을 만들었다고 생각한다. 좋은 환경에서 자신이 좋아하는 사람과 하고 싶은 일만 하면서 사는 경우는 거의 없다. 하지만 생각을 바꾸면 자신의 성장이나 행복과 연결되는 기회를 발견할 수 있다.

결국
기회는
공평하다

영어학원에서는 관리자나 영업 담당자들이 수강생들을 늘리기 위해 주기적으로 영업 목표를 세우면서 일한다. 내가 영어학원에서 일했던 6년 동안 많은 영업사원들을 만났는데, 영업 실적에서 남들보다 훨씬 앞서는 사람들과 이야기를 해보면 모두 비슷한 생각을 하고 있다는 사실을 알 수 있었다. 그들은 대부분 끝까지 포기하지 않고, 다른 사람의 탓을 하지 않았다. 또 영업 회의를 마치면 다들 목표를 달성하기가 힘들다고 말하지만, 그들은 위기가 기회라는 생각을 갖고 있었다. 이처럼 남들보다 실적이 좋거나 유능한 사람들에게는 공통점이 있다. 그것은 '환경이나 다른 사람 탓을 하지 않는다'는 것이다.

그런가 하면, 늘 실적이 제자리인 사람들은 다른 사람이나 환경을 탓하며 불평을 늘어놓기 일쑤다. 예를 들면, '학원의 입지가 나쁘기 때문에', '수강료가 비싸기 때문에', '선생님들의 질이 떨어지기 때문에'와 같은 변명을 늘어놓기 바쁘다. 하지만 모든 조건은 동일하다. 같은 환경이라도 실적을 올리는 사람과 그렇지 못한 사람도 늘 존재한다. 그 둘의 차이를 만드는 것이 바로 '마인드'다. 사람들은 자기 자신과 맞서지 않고 다른 사람이나 환경에 대해 불평을 쉽게 늘어놓는다. 실제로 그렇게 하는 것이 마음이 편한 것이 사실이다. 하지만 그런 사람은 눈앞의 현실을 타개하지 못하고 도태되고 만다.

세상에는 스스로 통제할 수 있는 것이 있고, 그렇지 못한 것이 있다. 눈앞에 놓여 있는 현실이 자신의 능력으로 바꿀 수 없는 것이라면 그것을 억지로 통제하려 하면 할수록 힘만 들 뿐이다. 그럴 때일수록 작은 행동일지라도 자신이 할 수 있는 것에서부터 시작하려는 마인드가 필요하다. 당신이 바꿀 수 있는 것은 자신과 미래뿐이다.

꼴찌팀이
매일
지는 이유

영어학원의 한 지점으로부터 불리한 입지 때문에 실적을 올리기 힘들다는 보고를 받은 적이 있다. 해당 지점의 직원들은 몇 개월 동안 목표를 달성하지 못해 모두 자신감을 잃은 상태였다. 마치 성적이 나쁜 야구팀이 매 시합에서 지는 습관이 든 것처럼 모두가 의기소침해 있었다.

"어차피 노력해도 소용없어."

"입지가 나빠서 달리 방법이 없어."

모두가 한목소리로 이렇게 말하고 있는 듯했다. 내가 파견을 나가 해당 지점의 업무 상태를 파악해보니 일반적인 업무가 정체된 것은 물론, 재등록을 앞둔 수강생을 설득해 재등록시키려는 노력조차 하지 않고 있었다.

나는 해당 지점의 직원들에게 입지가 나쁘다는 변명을 늘어놓는 것을 멈추고, 지금 당장 할 수 있는 것이 무엇인지 찾아보도록 지시했다. 물론 본사의 기대를 받고 시작한 것이기 때문에 최선을 다해야 한다는 생각도 있었고, 나 스스로도 하지 못할 일이 아니라는 자신감도 있었다. 그런 긍정의 마인드를 갖고 있었기 때문에 200퍼센트의 힘을 낼 수 있었을 것이다.

만약 지금 일이 뜻대로 진행되지 않아 고민하고 있다면 그중에서 현재 할 수 있는 것, 즉 마이너스가 아닌 플러스의 일을 발견하려는 관점을 가져야 한다. 다른 사람이나 회사를 탓하는 것은 쉽지만 그런 마인드로는 발전적인 일을 해낼 수 없다. 혹시라도 이직을 생각해도 자신의 뜻대로 일이 풀린다는 보장도 없다. 어디에서건 힘들어하는 사람은 있고, 100퍼센트 만족스러운 환경을 찾기란 정말 어려운 일이다. 우리가 바라는 모든 것이 갖추어진 꿈의 직장이란 존재하지 않는다. 현재의 환경을 개선하기 위해 자신이 할 수 있는 것을 모두 확실하게 처리한다는 마인드를 가지는 것이 바람직하다.

물론 나조차도 괴롭고 힘든 일을 많이 겪었다. 하지만 언제라도 그만둘 수 있지만, 지금은 아니라는 생각으로 버텨왔다. 그렇게 노력했기 때문에 많은 것들을 얻고 배울 수 있었다. 지금은 영어학원에서 보냈던 시기를 내 인생에 있어서 소중한 보물이라고 생각한다.

경험보다
소중한 것은
없다

내 수강생 중에 자신의 경험을 통해 배운 것을 이야기해준 한 여성이 있었다. 그녀는 자신이 원하는 부서에 배속받지 못해 고민이라고 했다. 부서의 업무가 마음에 들지 않아서 해당 부서의 사람들과도 커뮤니케이션을 제대로 하지 못했다. 그런데 그녀는 책을 읽고 여러 사람들과 이야기하는 것에 흥미를 갖고 있었다. 마침 회사의 몇몇 동료들과 SNS를 통해 독후감을 올리고 책을 소개하는 활동을 하고 있었는데, 새로 배속된 부서의 사람들과도 책을 통해 대화를 시도해보기로 했다고 한다. 마침내 책을 통해 부서 사람들과 인간관계를 자연스럽게 형성하게 되었고, 새로운 부서의 업무에도 적응할 수 있었다고 한다. 비록 업무와는 직접적인 관계가 없는 일이었지만, 결과적으로 일에도 도움이 된 것이다.

만약 지금 현재 하고 싶은 일을 찾을 수 없다고 생각하는 사람이 있다면 무엇이든 일단 부딪혀 실천해보라고 말하고 싶다. 경험을 통해서 보이는 것, 이해하게 되는 것이 정말 많기 때문이다. 사람들은 누구나 성공과 실패의 경험을 통해 자신의 길을 만들어나간다. 앞에 소개한 여성처럼 현재의 업무뿐 아니라 개인적인 활동을 통해서라도 다양한 길을 모색해보는 것이 좋다. 무엇보다 중요한 것은 처음부터 성공을 지향하지 말라는 것이다. 조금씩 이상적인 형태를 향해서 서서히 다가가면 된다.

6장。 KEY POINT

1— 현재의 마이너스 요소는 자신의 행동에 따라 미래의 플러스 요소가 될 수 있다.

2— 우리는 과거의 타인을 바꿀 수 없다. 우리가 바꿀 수 있는 것은 오로지 미래와 자신뿐이다.

3— 누구나 경험을 통해서 적성을 발견한다. 처음부터 흘인원을 지향하지 않는다.

나만의 본질을 이해하자

어린 시절의 나는
어떤 아이였는가.
그리고 어떤 꿈을   〉
꾸고 있었는가.

....

내가 가장 좋아했던
과목은 무엇인가.   〉
그 이유는 무엇인가.

....

                        〉
부모님, 선생님,
유명인으로부터
어떤 성격, 사고방식,
가치관을 배웠는가.

....

그들에게서
교훈으로
배울 수 있는 것은   〉
무엇인가.

....

3장에서는 자신의 '강점'에 대해 생각해보았다. 여기에서는 자신의 과거를 돌아봄으로써 자신도 깨닫지 못했던 자신만의 본질이 드러날 것이다. 새로운 관점으로 현실적인 상황을 이해하고 그에 어울리는 목표를 발견해보자.

지금까지 경험한
일 중 가장 즐거웠고
재미있었던 일은   >
무엇인가.
그 이유는 무엇인가.

....

가장 멋있고
유능하다는
느낌을 받는 사람은   >
누구인가.
그 이유는 무엇인가.

....

나를 힘들게 하고
지치게 하는 일을
맞닥뜨렸을 때   >
무엇에 의지하는가.
나의 신념은 무엇인가.

....

나를 설레게 하는 대상, 행복도가 증가하는
나만의 본질을 이해하면 일과 인생이 풍요로워진다!

기억할
—것!

현재의 자신과 앞으로의 자신을 생각하자

예: 일상적 업무에 쫓겨 세상의 움직임이나 동향을 파악하지 못하고 있다.

　　[학습, 자기계발: 2점] ⟹ 우선 아침에 출근할 때 전철에서 신문을 읽는다.

학습, 자기계발	①	②	3	4	5	6	7	8	9	10

일, 경력	1	2	3	4	5	6	7	8	9	10	>

유흥, 여가	1	2	3	4	5	6	7	8	9	10	>

금전, 물건	1	2	3	4	5	6	7	8	9	10	>

건강	1	2	3	4	5	6	7	8	9	10	>

가족, 연애	1	2	3	4	5	6	7	8	9	10	>

학습, 자기계발	1	2	3	4	5	6	7	8	9	10	>

인간관계	1	2	3	4	5	6	7	8	9	10	>

각 항목에 대해 자신의 만족도나 충실도가 10점 만점 중 몇 점인지 표시하고
각각 1점씩 올리기 위해 지금부터 할 수 있는 일이 무엇인지 찾아보자.

각 항목에서 1점을 올리기 위해 지금부터 할 수 있는 일은 무엇인가.

> ....

> ....

> ....

> ....

> ....

> ....

> ....

**현재의 자신을 이해하면 자신이 원하는 모습에
한 걸음 더 다가갈 수 있다!**

영어학원에 근무하던 시절에 나는 내 일을 천직이라고 생각했다. 어떤 지점에서 근무하긴 영업 실적을 향상시키고 부하 직원을 육성하는 데에서 나름대로 능력을 인정받았기 때문이다. 그러던 중 나는 나의 꿈과 나의 특성을 잘 살려 나의 노하우를 사람들에게 전해주고 싶다는 생각이 들었다. 그런데 내 입장에서는 너무나 당연한 것을 하고 있었을 뿐, 특별한 것을 하고 있다는 생각을 하지는 않았다. 따라서 무엇을 어떻게 전해야 좋을지 전혀 알 수 없었다.

그러던 중 나는 우연히 잡지에서 본 '코치'라는 세계를 알게 되었고 공부를 시작했다. 그러자 지금까지 왜 내가 모든 학원에서 우수한 실적을 올릴 수 있었는지, 어떤 지점에서건 선생님들로부터 미움받지 않고 협력을 얻을 수 있었는지 이해할 수 있게 되었다.

그렇다. 내가 당연하다고 생각했던 말과 행동들이 바로 코칭 그 자체였던 것이다. 무엇을 어떻게 전해야 좋을지 몰랐던 내가 드디어 '전달하는 기술'을 터득하게 되었고, 비즈니스 코치로서 꿈을 향해 전진하게 된 것이다. 그런데 호사다마라고 했던가. 나는 생각지도 못했던 임신이라는 벽을 맞이하게 되었다.

육아와 공부를 병행하긴 했지만, 같은 시기에 공부를 시작한 사람들이 잇달아 비즈니스 코치로서 맹활약하는 모습을 보며 질투와 초조함에 휩싸였던 것을 인정한다. 그리고 그들을 바라보는 나의 마음이 그리 편치 않았던 것이 사실이다.

그렇지만 나의 새로운 길을 찾은 기회를 놓치고 싶지 않았다. 나는 먼저 나와 비슷한 경험을 하고 있는 워킹맘들을 대상으로 나의 노하우를 알려주겠다는 생각으로 코칭을 시작했다.

그렇게 워킹맘들을 위해 시작한 강의가 입소문을 타고 전국으로 퍼져나갔다. 그사이 관련 도서를 일곱 권을 출간했고, 잡지에도 기사로 몇 번 소개되었고, 그렇게 원하던 텔레

비전에도 출연할 수 있었다. 워킹맘 수강생들과의 인연으로 기업연수에서도 강의를 하게 되었고, 꽤 멀리 돌아오기는 했지만 비로소 비즈니스 코치라는 꿈을 이룰 수 있게 되었다.

돌이켜보면 늘 많은 분들에게 도움을 받아왔다. 나의 노력과 더불어 새롭게 만나게 된 멋진 인연들을 소중하게 여겼기에 지금의 내가 있는 것이다.

《닛케이 톱 리더》판매부의 미나모토 씨와 편집장인 이토 씨와 인연을 맺게 해준 후지모토 씨에게 진심으로 감사를 드린다. 워킹맘들의 코치였던 내게 출판 기회를 준 이토 편집장께도 감사를 드린다. 편집에 힘을 써준 사이코 씨, 몇 번이나 한밤중에 전화를 걸어도 친절하게 받아주었고 바쁜 상황을 쪼개 시부야의 자택에서 원고를 주고받았던 일을 잊을 수 없다. 또 교정을 맡은 마리에 씨에게도 감사를 드린다. 마나 씨의 훌륭한 그림도 감사드린다.

그리고 무엇보다 워킹맘들의 코치인 내가 처음으로 비즈니스 서적을 쓸 수 있었던 것은 지금까지 나의 세미나를 응원해주고 수강해준 수강생들 덕분이다. 늘 따뜻하게 지켜보고 지원해준 수강생 유키 씨에게 감사를 드린다. 그리고 집필 중에는 가사를 제대로 돌볼 수 없어 외식을 하는 일이 많았지만 아무런 불평도 하지 않은 남편과 아들에게 진심으로 감사를 전한다. 수많은 책들 중에서 부족한 이 책을 선택해준 독자 여러분에게도 진심으로 감사를 드린다.

이 책이 여러분의 인생을 풍요롭게 만드는 데에 조금이라도 도움이 될 수 있다면 그보다 기쁜 일은 없을 것이다.

오늘도
불편한 사람과
일해야 하는
당신을 위한 책

초판 1쇄 발행 2018년 4월 25일
초판 2쇄 발행 2018년 5월 23일

지은이 | 야마사키 히로미
옮긴이 | 이정환
펴낸이 | 한순 이희섭
펴낸곳 | (주)도서출판 나무생각
편집 | 양미애 조예은
책임편집 | 김승규
디자인 | 오은영
마케팅 | 이재석
출판등록 | 1999년 8월 19일 제1999-000112호
주소 | 서울특별시 마포구 월드컵로 70-4(서교동) 1F
전화 | 02)334-3339, 3308, 3361
팩스 | 02)334-3318
이메일 | tree3339@hanmail.net
홈페이지 | www.namubook.co.kr
트위터 ID | @namubook

ISBN 979-11-6218-021-1 03320

이 도서의 국립중앙도서관 출판예정도서목록(CIP)은 서지정보유통지원시스템 홈페이지
(http://seoji.nl.go.kr)와 국가자료공동목록시스템(http://www.nl.go.kr/kolisnet)에서
이용하실 수 있습니다.(CIP제어번호: CIP2018009925)